共同富裕视域下现代敬老公益的探索

——以浙江雨花敬老公益为例

金小苗　著

吉林大学出版社
·长春·

图书在版编目（CIP）数据

共同富裕视域下现代敬老公益的探索：以浙江雨花敬老公益为例 / 金小苗著. -- 长春：吉林大学出版社，2023. 10

ISBN 978-7-5768-2533-6

Ⅰ. ①共… Ⅱ. ①金… Ⅲ. ①养老-社会服务-研究-浙江 Ⅳ. ①D669. 6

中国国家版本馆 CIP 数据核字（2023）第 218574 号

书　　名　共同富裕视域下现代敬老公益的探索——以浙江雨花敬老公益为例
　　　　　GONGTONG FUYU SHIYU XIA XIANDAI JINGLAO GONGYI DE TANSUO
　　　　　——YI ZHEJIANG YUHUA JINGLAO GONGYI WEI LI

作　　者　金小苗
策划编辑　黄忠杰
责任编辑　王　蕾
责任校对　米司琪
装帧设计　周香菊
出版发行　吉林大学出版社
社　　址　长春市人民大街 4059 号
邮政编码　130021
发行电话　0431-89580028/29/21
网　　址　http：//www. jlup. com. cn
电子邮箱　jldxcbs@ sina. com
印　　刷　天津鑫恒彩印有限公司
开　　本　787mm×1092mm　1/16
印　　张　11
字　　数　190 千字
版　　次　2025 年 1 月　第 1 版
印　　次　2025 年 1 月　第 1 次
书　　号　ISBN 978-7-5768-2533-6
定　　价　68. 00 元

序言一

中国文化的核心是中国伦理。中国伦理的基础是家庭伦理,家庭伦理中孝敬又是最重要、最基础的伦理。在超越老龄化阶段、已经进入老龄社会的中国,如何以孝道为主线,实现家庭伦理、社会伦理、国家伦理的贯穿融合,在家国一体、共同敬老的基础上真正实现“老有所乐、老有所为、老有所养”,不仅是每个中国人、每个家庭的大事,更是社会的大事、国家的大事,是党和国家带领全国人民努力奋斗实现共同富裕的重要组成部分。

实现共同富裕,离不开以公益慈善为核心的第三次分配。党的十九届四中全会首次提出“重视发挥第三次分配作用,发展慈善等社会公益事业”,明确以第三次分配为收入分配制度体系的重要组成部分,并清晰确立了慈善公益事业的重要地位。党为什么开始重视通过慈善公益实现第三次分配呢?因为第三次分配,是出于自愿、在习惯与道德的影响下,通过合法合规的途径,将部分或全部可支配收入进行慈善公益捐赠的方式。由于第三次分配是人们自觉自愿的一种捐赠行为,其发挥作用的领域以及作用的大小,主要取决于慈善公益事业发展的广度和强度,其作用是市场调节的第一次分配和政府调节的第二次分配所无法比拟的。

本书重点研究的“雨花敬老公益”,就是为第三次分配作用的充分发挥而积极努力的典范。

我曾经对“雨花敬老公益”文化及敬老模式进行过深入调研、深度体验,所以,关于“雨花敬老公益”还是有一点发言权的。

“雨花敬老公益”,在当今时代,是奇迹,也是必然。说是奇迹,是因为受改革开放西方“苍蝇”的冲击,很多人成了精致的利己主义者,在这样的大环境下,有规模不小的一群人创办、运营了近千家免费餐厅,如雨花餐厅,不但为老人免费供餐,还免费为老人提供陪伴、倾听等爱心服务。在此基础上,他们还探索了社区邻里互助养老模式、互助式机构养老模式、智慧养老模式……的确称得上奇迹。说是必然,是因为中国走过了曾经的贫穷落后、文化不自信,已经实现了人民安居乐业、社会安泰祥和,在这样的大环境下,有着敬老、仁义传统美德的一群中国人,愿意探索“敬老公益”,是最自然而然的必然。

有着十一年公益敬老经历的“雨花”,在积极为中国“敬老公益”事业的发展、为共同富裕默默奉献。只有整个中国的公益(包括敬老公益)事业发展壮大了,才会吸纳更多的“高收入者”去捐赠给“低收入者”。高、低收入的大规模调节,才能真正体现出第三次分配“损有余而补不足”的作用,否则,只是蜻蜓点水、杯水车薪,无法实现党和国家心心念念的百姓共同富裕的目标。

“雨花敬老公益”的创始人殷建老师说,要充分发挥第三次分配的作用,就要广泛地传递“人人都需要公益,人人都应该参与公益”的公益本质,让更多人都清晰地认识到:只有“全民公益”,才能真正让每一个自己都享受到“公益”,才能实现中华民族传了几千年的“我为人人,人人为我”的传统美德。这也是我们党从全心全意为人民服务到获得全民爱戴的奥秘所在,是中国自远古以来就有的“大同思想”的奥妙所在,是慈善公益的魅力所在,更是中华文化的智慧所在。当社会普遍认同了“人人都需要公益,人人都应该参与公益”时,距离实现“全民公益”“及时公益”“随手公益”就不远了。“雨花敬老公益”,就是用自己的公益敬老行动,促动礼仪之邦把“及时公益”“随手公益”变成“伴手礼”,随时奉献给身边有需要的人。

金小苗老师在对“雨花敬老公益”进行深度调研的基础上,对雨花志愿者敬老精神、敬老行动的剖析、解读、凝练,是唤醒更多人参与到全民敬老公益以最终实现“人人敬老”“老有所乐、老有所为、老有所养”美好愿景的重要助力。这应该是此书出版的重要意义所在。

吉林大学商学与管理学院教授　王爱群

2023 年 2 月

序言二

作为世界上最古老和普遍的思想与行为、代表人类文明进步的重要形式之一的公益慈善,历来被人类所颂扬。西方公益起源于古希腊罗马时期,经过中世纪的教会公益走向现代公益。我国公益亦可追溯到中华文化发源时期,公益慈善事业源远流长。公益慈善事业蓬勃发展,涉及教育、医疗援助公益、敬老养老等各个领域。众所周知,21世纪是人口老龄化时代,中国是较早进入老龄社会的发展中国家之一,我国的老龄化显现出基数巨大、增速迅猛、城乡失衡、空巢严重等特点。老龄化问题的解决,迫在眉睫。

雨花敬老公益,我曾去走访与实地体验,从其2011年第一家雨花免费餐厅创办以来,为附近老人免费提供午餐,为不能来堂食的老人送餐到家,倾听陪伴空巢的老人,一直致力于养老敬老事业,致力于中国特色养老模式的探索;在其数年如一日的坚守中,根据中国的特点,探索出了五种敬老公益模式,可分别适用于农村与城市。其不同于传统的养老服务,开拓出“互助养老”的服务方式,由低龄老人服务高龄老人,实现老有所为的创新转变;其将中国优秀传统文化贯穿于雨花公益平台与运行始终。因此,对其的研究不仅有利于当下老龄化问题的解决,也有助于我国公益敬老事业的发展,还有利于我国公益慈善的蓬勃发展。此外,我国正处于扎实推进共同富裕的重要历史阶段,慈善公益是实现共同富裕的第三次分配形式,是实现共同富裕的重要途径与方法。因此,对雨花敬老公益的研究具有重要的时代价值与现实意义。

本书作者深入雨花敬老公益两年,曾在其组织开展多次调研活动、带领学生参与多项公益敬老活动,希望尽绵薄之力,促进广大民众对敬老问题的关注,对中国传统敬老文化的践行,让公益文化与公益精神广泛传播。因此,该研究立足于共同富裕建设的新时代背景,着力于中国老龄化问题的解决,放眼于中国现代敬老公益,通过查看阅读已有文献、实地走访调研雨花敬老公益,用科学的研究方法对雨花敬老公益的整体概况、运作模式、雨花文化、中国敬老文化、老人身心需求、慈善捐赠者动机、志愿服务者动机等方面进行研究,并在此基础上,提出现代公益的发展展望。这些研究结果,对养老敬老、公益慈善的学术研究,公益慈善的蓬勃发展，老龄化问题的解决，养老模式的探索都有重要的理论价值与意义。

最后希望本书的出版，使“人不独亲其亲，不独子其子，使老有所终，壮有所用，幼有所长，矜、寡、孤、独、废疾者皆有所养”的千百年来的中国理想社会早日实现。

浙江工商大学英贤慈善学院院长　程刚

2022年8月17日

目　录

第一章　绪　论

2021年10月出版的第20期《求是》杂志发表中共中央总书记、国家主席、中央军委主席习近平的重要文章《扎实推动共同富裕》。文章强调，共同富裕是社会主义的本质要求，是中国式现代化的重要特征；现在，已经到了扎实推动共同富裕的历史阶段。文章指出，共同富裕是全体人民共同富裕，是人民群众物质生活和精神生活都富裕，不是少数人的富裕，也不是整齐划一的平均主义，要深入研究不同阶段的目标，分阶段促进共同富裕。公益慈善是实现共同富裕第三次分配的主要方式。本章在阐释共同富裕与慈善公益关系的基础上，解释公益敬老的概念，比较传统公益慈善与现代公益的区别，分析敬老公益的研究现状，并在阐述敬老公益研究的价值与意义的基础上，提出本书的研究思路、研究方法、研究目标。

第一节　共同富裕与慈善公益

一、公益慈善助力第三次分配的开展，促进物质共同富裕

"扎实推动共同富裕"，是党的十九届五中全会作出的重大战略部署，是"十四五"及未来发展的重要目标、重要要求和重大举措。在实现了第一个百年奋斗目标"全面建成小康社会"之后，中国正在向第二个百年奋斗目标迈进，最终实现"共同富裕"的目标。马克思提出在未来社会"生产将以所有的人富裕为目的"①，这也是我国人民的一个理想，也是社会主义的本质要求，是中国式现代化的重要特征，是破解发展不平衡不充分、城乡区域发展和收入

① 卡尔·马克思，弗里德里希·恩格斯. 马克思恩格斯文集：第八卷［M］. 北京：人民出版社，2009：200.

分配差距问题的迫切要求。

改革开放以来，我国经济发展愈加迅速，人民群众的生产和生活水平不断提高，但由于各地区的发展不平衡以及自然、社会条件的不同，再加上市场机制调节分配的不合理性，使发达与落后地区之间的收入差距越来越悬殊，导致社会发生两极分化，构成对政治经济发展和社会稳定的威胁，而公益事业的发展起到了缩小差距的作用。已有许多学者认为，第三次分配的实施可以促进共同富裕。江亚洲和郁建兴认为，在推动共同富裕的进程中，第三次分配是对初次分配和再分配的有益补充，它有利于激发共同富裕的内生动力，有助于缓解社会个体焦虑情绪并促进社会精神文明发展。① 通过发展公益事业可以适度扩大社会保障范围，调节收入分配和贫富差距，尽可能消除社会分配不平衡，实现社会公正。这种分配的呈现形式是多元的，具有明显的利他性，不仅是人们根据一定的道德观念自觉让渡自身的部分财产的行为，还包括政府扶贫赈灾，更多地表现在社会团体和个人所进行的无偿捐赠、义演义卖等形式。因此，“公益慈善”是实现第三次分配必不可少的实践探索，公益慈善事业是促进第三次分配的主要力量，其蓬勃发展是实现共同富裕的重要途径。

二、公益慈善传播慈善文化，树立第三次分配的道德理念和价值追求

第三次分配由北京大学著名经济学家厉以宁教授在 1994 年提出：“市场经济条件下的收入分配包括三次分配。第一次是由市场按照效益进行分配；第二次是由政府按照兼顾效率与公平的原则，通过税收、扶贫及社会保障统筹等方式来进行；第三次是在道德力量的作用下，通过个人收入转移和个人自愿缴纳和捐献等非强制方式再一次进行分配。”② 第三次分配，是在我们的道德、习惯体系下，主要由高收入人群在自愿的基础上，以募集、捐赠和资助等慈善公益方式对社会资源和社会财富进行分配，是对初次分配和再分配的有益补充，有利于缩小社会差距。第三次分配离不开两大体系：一是激励体系，包括社会道德舆论、税收体系，特别是财产税、遗产税和捐赠税收减免政策；二是保障体系，需要有效的信托法律制度，同时，还要有一些非营利性法人，特别是慈善团体承担慈善捐赠的收集、转移和分配等活动。

最重要的是，第三次分配文化的核心是慈善文化，慈善文化是第三次分配

① 江亚洲，郁建兴．第三次分配推动共同富裕的作用与机制［J］．浙江社会科学，2021（09）：76-83，157-158.

② 厉以宁．股份制与现代市场经济［M］．北京：商务印书馆，2021：68-71.

的内在意蕴。公益事业的发展也是一个传递善意的过程，从接受善意到开始传递善意，人们的内心得到充实，遵循第三次分配的道德理念和价值追求也随之树立起来，形成人人有爱心的良好社会风尚，激发人们自愿从事慈善事业的热情，为第三次分配的实施奠定基础。

三、公益慈善完善道德的自我追求，达成精神的共同富裕

共同富裕不仅仅是物质上的富裕，更是精神上的富裕。马斯洛提出公益就是达成精神富有的重要途径。亚里士多德将公益视为“最高的善”；公益促进善的流动、爱的传递、人与人之间相互信任的形成；公益行为促进个人精神的富有，促进和谐稳定社会关系的形成。

社会公益带来责任感和崇高感，责任感和崇高感升华创造力。创造，亦是自我实现、对社会的高度责任感，以及实现这种责任感后获得的崇高感是自我潜能实现的一种“巅峰体验”。朱力认为，先富起来的人要懂得承担自己先富以后在社会中的责任，要在物质财富富裕的情况下，多做一些社会公益、慈善事业，多帮助社会中的弱势群体，完善自我的道德追求，践行自己的社会责任，这样会使得富裕者精神上得到富足与完善。① 王天力认为，社会公益可以激发人的价值感，价值感可以催生创造力。② 江亚洲和郁建兴认为，公益演出、公益展览，这些文化艺术产品和服务以免费或者低价的形式向社会大众开放，为人们享受文化艺术的熏陶提供了渠道，这对于促进人们的精神富足和人的全面发展必将产生重大作用。③

厉以宁曾指出：“人们渴望不断改善自己的生活。在追求个人生活改善的过程中，人们会越来越意识到个人生活质量的提高与周围人生活水平的提升是密切相关的。即使个人的生活得到了改善，但如果周围人的生活没有发生正面变化，甚至还有恶化的趋势，个人的社会环境也会比以前更加不稳定。因此，这很难说明生活质量是否真的有所提高。”④ 公益慈善是爱的流动、善的传导，让个人与他人、社会产生更频繁的流动、更紧密的联系，从而产生心理的归属感、相互的认同感、自然滋生的责任感，以及对美好、幸福生活的期待；甚至自觉形成公益慈善的使命与担当。这都在潜移默化中，温暖着身心、滋润着心

① 朱力．正确认识精神生活共同富裕的时代内涵［J］．国家治理，2021（45）：19-23.

② 王天力．论创造力与社会公益［J］．社会福利（理论版），2018（09）：15-21.

③ 江亚洲，郁建兴．第三次分配推动共同富裕的作用与机制［J］．浙江社会科学，2021（09）：80-81.

④ 厉以宁．股份制与现代市场经济［M］．北京：商务印书馆，2021：71-75.

灵、丰富着精神，从而达精神的共富。

四、公益慈善的发展与共同富裕的实现相互促进

公益慈善的发展可以促进共同富裕的实现，反之，共同富裕的实现又可以进一步激发公众追求公益事业的热情。例如，第三次分配在实现共同富裕的过程中发挥着重要的作用，第三次分配的一项独特效能在于既维护不同群体的物质利益需求，又诉诸良好经济社会氛围的塑造，促使全社会共同践行公益精神和社会责任，调动社会成员共同参与公益事业，形成人人都是参与者和受益者的良好局面，通过推动慈善、捐赠、募捐过程的公开化与透明化，最大限度地保障募捐主体的公益热忱并构建社会信任网络。① 李海舰和杜爽认为，共同富裕实现过程中，会充分引入“本土化”公益文化与道德，基于道德、文化和舆论的“软约束”，培育机制更有弹性、覆盖更广泛、形式更多样的三次分配体系，形成体现时代精神的社会共识，使公益慈善转化为一种双向互利的社会化行为。②

第二节　公益敬老的概念

一、公益的概念

作为世界上十分古老和普遍的思想与行为，代表人类文明进步的重要形式之一，公益历来被人类所颂扬，并一直被认为是亟待开发的现代社会博爱资源。③ 西方公益从古希腊罗马时期源起经过中世纪的教会公益走向现代公益。我国公益亦可追溯到中华文化发源时期，古代慈善事业源远流长。④ 当今，公益的发展涉及各个领域，教育公益、扶贫公益、医疗援助公益、敬老养老公益组织蓬勃发展。雨花敬老公益组织属于敬老公益范畴，要探讨公益敬老的概念，首先应从公益的基本概念入手，那么究竟什么是公益？如何理解公益的内涵？

中国古代汉语言体系中并无“公益”一词，仅能追溯到“公”和“益”的单个字的字面意思。“公”，会意字，小篆字形，上面是“八”，表示相背，

① 马雪松．第三次分配在新时代的新变化、新利好［J］．人民论坛，2021（28）：14-17.

② 李海舰，杜爽．推进共同富裕若干问题探析［J］．改革，2021（12）：1-15.

③ 卓高生．公益精神概念辨析［J］．理论与现代化，2010（01）：87-91.

④ 夏佳颖．功利主义公益伦理思想研究［D］．杭州：浙江财经大学，2018.

下面是“厶”（“私”的本字），合起来表示“与私相背”，即“公正无私”的意思。《韩非子·五蠹》中指出，“背厶谓之公，或说，分其厶以与人为公”；《春秋·元命苞》中所言“公之为言公正无私也”，这里的“公”指的就是与私相背、公正无私的含义。“益”，会意字，小篆字形。《说文解字》中解释有增益、有余之意。益的本意指水漫出来、富裕、增加、利益、更加等，常常与“害”相对比，表现为有益处、增加好处、利益等。① 古代大都不用“公益”表达，但很多相近词汇体现其含义，例如，汉传佛教中的“布施”“义舍”“救济”等，先秦儒家思想中的“仁爱”“泛爱众”等。② “公”与“益”二字合称“公益”是外来词汇，其最初是在日本人留冈幸助于1898年出版的《慈善问题》一书中出现，留冈幸助在书中将英文的“public welfare”译为“公益”，意为“社会的公共利益，即对公众有益的事”，它是相对于“一个人之私利、私益而言”，是社会公众追求公共利益的活动和对共同善的向往。③ 中国古代虽然没有公益一词，但从“公”和“益”的字义解读中也能看出公益具有无私、仁爱、救济布施的基本含义。

在西方社会，公益多指“公共利益”“公共善”“正义”等含义。在古希腊城邦社会，苏格拉底、柏拉图将公益作为判断政体合法性与正当性的标准，亚里士多德将公益视为“最高的善”。罗马时期，西塞罗提出“公益优先于私益”，公益是最高的“法”。在中世纪，托马斯·阿奎那提出公益即是正义。启蒙运动时期，卢梭指出公益是社会契约的基础，国家存在的目的就是保障基于个人利益之上的公益。④

除了东西方对公益的理解略有不同，不同领域对公益的诠释也有差异。从伦理学的角度而言，公益是指以人类幸福为终极价值目标的价值体系与行为机制；从政治学的角度来看，公益是指以社会为中心的国家治理机构和治理权力分配体系；从经济学的角度来看，公益是一种以他人利益为目标的投资者不参与分配盈余的社会资源分配机制；从法学的角度来看，公益则是一种社会整体的公平、正义，以伦理道德价值为标准的权利义务分配体系。⑤ 社会学的角度是理解公益本质的一个重要切入点，从内容上来看它着眼于公众的共同利益，从效用上来看它能提升大众整体福利水平，从社会领域来看表现为社会保障、社会工作、社会福利、社会救济等，并包括两层含义，一层是面向社会弱势群

① 刘慧．当代中国公益精神培育研究［D］．北京：中央财经大学，2016.
② 孙桂杰．公益众筹活动的伦理问题及对策研究［D］．石家庄：河北师范大学，2021.
③ 王苗．论现代公益事业与传统慈善的关系［J］．学会，2014（08）：15-21.
④ 陈文．当代大学生公益精神培育研究［D］．徐州：中国矿业大学，2020.
⑤ 高燕．微公益的伦理审视［D］．重庆：重庆师范大学，2015.

体的公益，为了达到公共利益的结果而进行的一种事后协调再分配意义上的工作，另一层是在温饱等基本生活需求得到满足以后，人们对工作、生活有更多的满足感的追求并反射到社会公益事业上，表现为公益内涵在传统意义上的扩张。①

对公益的概念也可从广义和狭义两个方面去理解。从广义上来说，“公益”是指一切涉及公共利益的行为和活动，既包括政府性的，也包括非政府性的；既包括营利性的，也包括非营利性的；既包括强制性的，也包括非强制性的；等等。而从狭义上来说，“公益”主要是以非政府的形式进行的、具有非营利性、非强制性、救助性和奉献性的一切公益活动的总和。② 雨花敬老公益是非政府形式的社会公益组织，因此，本书主要使用狭义上的公益这一概念，并将公益定义为：个人或组织机构超越一己私利，基于价值观来实现公共利益的自愿行为。

二、公益敬老

有关公益敬老的概念内涵，尚未有官方意义的界定与解读，更多的来自大众、公益人的自发理解。从字面上来看，公益敬老即以公益形式，依托社会公益组织以敬老、爱老、养老、助老为主要目标的社会行为。由于本书所采用的公益内涵是狭义上的公益，所以公益敬老所依托的社会公益组织是非政府性的、非营利性的；所发生的敬老社会行为是非强制性的，是自愿性的、救助性的和奉献性的。它是基于现代公益“大善”的根本追求的敬老新模式，是以老年人这一弱势群体为对象，具有非政府性、非营利性、救助性，本着平等互助理念自愿参与的帮助老年人安度晚年的敬老事业。

第三节　现代公益

一、传统慈善与现代公益事业

（一）传统慈善

我国慈善思想根植于中国传统文化的土壤，孔子提出“仁者爱人”，孟子

① 卓高生．公益精神概念辨析［J］．理论与现代化，2010（01）：87-91.

② 戚小村．公益伦理略论［D］．长沙：湖南师范大学，2006.

提出“性善”说，老子提出“天道无亲，常与善人”，墨子提出“兼相爱，交相利”，管仲提出“九惠之教”；儒家以仁为内核，由仁趋善，倡导仁爱、民本、大同；① 中国佛教倡导“慈悲为怀”和“行善积德”，佛教徒讲究施舍。② 这些都体现出我国慈善思想源远流长。

我国传统慈善讲究行善积德，它要求在自身盈余的情况下对穷困之人加以施舍，这样就能积累善行，保佑后世子孙。在“积德”的理念下，也在一定程度上反映出传统慈善“授之以鱼”的特征。事实上，我国传统慈善是一种养济型慈善，即施善者多倾向于临时性物质施救，而忽略受救者生存技能的培育及文化素养的提高。具体来说，诸如施食施衣、施医赠药、施棺赠葬、养老育婴、恤嫠栖流等慈善救济行为，均只能暂时解决饥贫灾黎的一时之需，未能充分考虑其长久性谋生及发展问题。在实施主体方面，传统慈善大多由政府主导，中国古代慈善事业的建立和完善主要是依靠官方设立相关的慈善机构主持进行的，比如，两宋时就有的安济坊和慈幼局、明清时设立的养济院，这些都是扶危济困、养老顾幼的机构。同时民间也有一些义庄、粥院、善堂等自发建立的慈善机构，施医给药、庇护穷人。③

（二）现代公益事业

现代公益事业，指的是一切涉及公共利益的非营利性的事业。近代中国由于遭受了外国资本主义侵略，政府慈善救济能力减弱，民间慈善组织开始走上历史舞台。受到西方思想观念的影响，我国传统慈善事业逐步走向现代慈善。改革开放以后，国民思想观念解放，慈善事业再次受到人们的关注，通过借鉴西方现代公益事业的发展经验，我国逐渐形成了自己的现代公益事业。

现代公益总的来讲是有组织地进行的，得到政府的支持，突出的是“益”，是公共利益、共同好处，局部或个人帮助全局或集体，面向社会、全局中的弱势群体或需保护、需发展的公共事业。④ 杨艺将现代公益的特征归纳为广泛性、互益性、组织性、创造性、专业性、包容性。⑤

（三）传统慈善到现代公益的转型发展

我国公益的发展正处于从传统慈善向现代公益过渡的转型时期。晚清，随

① 周秋光，李华文．中国慈善的传统与现代转型［J］．思想战线，2020，46（02）：61-74.

② 丁岩．论现代公益事业与传统慈善的关系［J］．才智，2016（24）：249.

③ 孙芳芳．中国特色慈善事业的理论溯源与现实建构［J］．理论观察，2020（11）：76-79.

④ 崔子研．传统慈善与现代公益微谈［N］．公益时报，2020-05-26.

⑤ 杨艺．现代公益视角下的社会企业探析［D］．济南：山东大学，2012.

着西方公益思潮的涌入，现代意义的公益思想开始萌芽，民间公益随之兴起。但1949年中华人民共和国成立以后，民间公益被批判为富人的“伪善”，政府垄断公益事业，民间公益就此消失。改革开放后民间公益开始复苏，经过20世纪80年代的过渡期，20世纪90年代公益迅速发展。到21世纪的信息时代，公益与互联网融合发展开启了“微公益”时代。① 传统慈善和现代公益的存在背景都是社会均衡的需要，是社会再分配的方式和手段。② 由此，随着社会背景的变化，由传统慈善到现代公益的转型是社会发展的必然趋势。

传统慈善向现代公益事业发展的过程中，具有一些新发展特征。周红云归纳了传统慈善向现代公益转型的具体方面，主要包括价值的转型、治理结构的转型以及方式的转型这三个方面。其中，价值的转型是说公益慈善的价值目标不在于帮助某个特定或不特定群体而实施了几个项目，而在于实现公共利益和社会公正，追求社会善治的过程；治理结构的转型则是指现代公益慈善的发展绝不仅仅是慈善组织和社会组织的事，政府部门、市场部门以及第三部门的各方力量都应该进入，实现政府、市场与社会的合作治理；方式的转型是指现代公益需要引入社会创新的理念，在实现各种资源要素的新组合以及不断进行社会创新的过程中，真正促进和实现社会发展。③ 叶托、王妍曼也对公益慈善领域新变革进行了研究，除了价值理念和组织形式外，还提出了资源渠道和技术手段两个方面。④

二、现代公益发展问题

目前，我国现代公益组织在发展中面临许多问题与困境，其中较为显著的普遍问题有组织建设和管理中的人才短缺问题、资金问题、运营质量效率问题，以及公益伦理中的公信力、诚信问题，参与公益活动的主动性问题。这些问题成为阻碍当代公益组织发展的重要原因。

（一）组织建设与管理中的问题

1. 专业人才短缺

拥有高素质的人才队伍是决定公益慈善组织能否获得发展的核心要素。⑤

---

① 夏佳颖．功利主义公益伦理思想研究［D］．杭州：浙江财经大学，2018.

② 崔子研．传统慈善与现代公益微谈［N］．公益时报，2020-05-26.

③ 周红云．公益慈善的制度环境与转型发展［J］．中国社会组织，2016（11）：16.

④ 叶托，王妍曼．超越传统慈善：公益慈善领域的新变革［N］．中国社会科学报，2020-07-22.

⑤ 刘文光．我国公益慈善组织发展中存在的问题及其对策分析［J］．行政与法，2009（01）：4-6.

目前我国公益慈善事业正在经历从简单粗放到专业规范的转型，在这一时期，专业化、规范化的公益慈善体系尚未建立起来，专业人才较为缺乏。目前，公益组织的工作人员缺乏专业知识和技能，组织由于缺乏人才培养机制也无法对内部成员进行精准化的专业技能培训。我国公益慈善组织目前的人员结构以老、弱等退居二线人员和低学历人员为主，许多公益慈善组织既缺乏高级的职业经理人，也缺乏投资管理、税务、法律、财务、营销、公关、社会工作等方面的专门人才。此外，志愿者队伍是公益组织人力资源的重要组成部分，但存在志愿者数量少、专业水平不足的问题。由于时间及空间因素的制约、志愿信息咨询的封闭性、志愿者活动资源对接不畅以及管理的不规范，我国的志愿者发展水平仍然处于较为落后的状态，公益组织很难招募到多数量、高专业水平的志愿者。

2. 资金困局

非营利性是公益组织的基本特征之一，即不以市场化的营利作为组织运作和发展的宗旨，所获得的收益用于公益项目、机构的运行。一般来说，公益组织资金来源主要有政府资助项目资金、组织自身收取的服务费用和其他经营性收入、社会个人或企业捐赠三种方式。目前，我国公益组织基本依靠政府资助、政府公益创投的项目资金来维持活动的开展和机构的发展，但政府购买项目的资金都严格按照策划书中的活动经费预算来使用，仅够维持该活动在预计周期内的举办，基本在项目结束后无盈余情况。刘文光在研究中指出公众慈善理念尚未形成的根本原因是慈善款物远远满足不了需求，慈善事业未能得到全社会尤其是富裕群体的认同和支持，企业捐赠积极性不高；很多公民认为慈善是政府的救济行为，和个人关系不大，捐助行为也主要是通过单位、学校、街道被动捐赠，“经常主动捐赠”的人数很少。[①] 可见，公益组织面临较为严重的资金困局。

3. 运营质量效率问题

一方面，我国公益组织的项目服务领域相对集中，存在内容同质化缺陷，从公益组织的捐赠领域来看，主要集中在教育、医疗、扶贫上，而人类服务、环境动物保护等占全部捐款额比重少，导致公益资源的利用率分布不均衡，不利于全面发展。另一方面，公益组织办公效率低、成本高，常常会在人员出勤、表单填写、信息通知、材料整理等内部管理事务上花费大量的人力物力，增加了机构的运行压力。

---

① 刘文光．我国公益慈善组织发展中存在的问题及其对策分析［J］．行政与法，2009（01）：4-6.

（二）公益伦理问题

1. 公信力、诚信问题

目前，公益组织大多存在管理松散、自律意识差、很多善款去向不明、信誉缺失等问题。① 此外，由于社会组织自身能力不足，缺少足够的人力物力策划较为大型的公益项目，在项目开展过程中还会出现低质量、形式化、专业度低、种类单一重复等问题，让很多公众产生排斥和厌烦心理，认为其不能真正满足服务对象的需要，从而导致社会组织在公众中的认可度、公信力低的问题。尽管近年来各类公益组织一直努力提升自己的诚信度，并取得了一些成效，但是在社会价值取向多元化等因素的影响下，目前我国社会公益组织的诚信危机仍在一定程度上存在着，且表现形式多种多样。首先，部分公益组织趋利性现象十分明显，想方设法获取巨额经济利益，严重违背了社会公益组织非营利性的宗旨；其次，部分公益组织违背公益性的行为越来越突出，和组织的宗旨完全背离。② 由此，社会公众对公益组织的信任度逐渐降低，公益的信任危机凸显。

2. 参与公益活动的主动性问题

在当代中国社会，人们还是普遍将慈善（公益）行为仅仅视为个人德行，重视慈善的道德评价，将慈善视为富人对穷人的施舍，将慈善视为富人的事情，而与普通民众无关，这与现代公民的平等观念、公民权利意识及法治精神相去较远。③ 此外，受传统家族伦理思想的影响，很多人把家庭和家族的生存和发展放在第一位，“自保”观念较为强烈，缺乏对他人的关心和爱护，只考虑自身和家族利益，不考虑他人利益。由于公益组织缺乏官方的实质性支持，公众会认为其既不是社区居委会也不是事业单位，没有义务参与、配合活动开展。④ 在这些思想的影响下，我国公民主动参与公益活动的意愿较低。

三、现代公益的研究现状

从现有研究来看，对现代公益的研究较少，在中国知网上以“现代公益”为关键词搜索到的文献共 77 篇，关注度指数总体较低，2004 至 2020 年年均不到

---

① 张晶，刘娴娴．现代公益组织发展中的公益伦理研究——基于利他主义价值观的分析［J］．渤海大学学报（哲学社会科学版），2014，36（03）：61-64.

② 张巧君．政治文明视野下我国社会组织发展研究［D］．兰州：西北师范大学，2019.

③ 玉苗．从传统慈善到现代公益［J］．广西社会主义学院学报，2014，25（04）：90-96.

④ 刘文光．我国公益慈善组织发展中存在的问题及其对策分析［J］．行政与法，2009（01）：4-6.

5篇，其中2015年达到峰值13篇。以下主要对有关传统慈善到现代公益的转型研究以及二者之间的关系、微公益的现代公益研究视角的文献进行归纳。

（一）传统慈善向现代公益的转化

由于我国公益正处于从传统慈善向现代公益过渡的转型时期，因此，以公益转型以及辨析传统慈善与现代公益之间关系为聚焦点的研究较多。玉苗在《从传统慈善到现代公益》中指出，现代公益事业发源于传统慈善，是传统慈善事业在现代社会条件下的创新和发展。① 李文辉在《传统慈善理念向现代公益理念的转型与重构》中将传统慈善与现代公益理念的观念冲突归纳为传统的施舍、等级恩赐观与现代公民平等权利观发生的冲突；“差序格局”形成的宗族观、家族观、地域观与现代公益的公共意识、社会责任意识的冲突；传统的财富观与现代财富观之间的冲突，由此，他认为实现传统慈善理念向现代公益理念的转型与重构须处理好传统慈善观与现代公益观之间的关系。② 周秋光等通过梳理中国慈善的传统历史与两次转型得出中国慈善植根于中华传统文化，其理想目标在于维护社会秩序的良性运转，其对于推动社会文明进步产生了重要的作用和影响。③

（二）微公益

关于微公益的内涵研究，朱虹在《解码微公益》中提出，微公益指的是每个人都可以从微不足道的生活小事中做起并参与公益活动，对微公益“微”的界定大致有两种：一种指参与主体之微和力量之微，它的参与者绝大多数是社会普通民众，对于善举它强调有和无，而不刻意追求多和少；“微”的另一层意思，指人们借助以微博为代表的新媒体而发起的公益行动。④ 杨钊将“微公益”界定为：借助网络等新媒体，公众将自己的点滴关怀融于社会整体之中，自发参与和体验的一种平民公益行为。⑤

关于微公益的模式研究，郑伟在分析网络公益慈善的运作模式时，表明慈善组织应事先做好前期筹备、策划工作，之后在网络信息平台上进行项目发布与宣传工作，信息需包括项目背景、具体活动过程及方式、预期资金与预期效

---

① 玉苗．从传统慈善到现代公益［J］．广西社会主义学院学报，2014，25（04）：90-96.

② 李文辉．传统慈善理念向现代公益理念的转型与重构［J］．青年文学家，2015（35）：192.

③ 周秋光，李华文．中国慈善的传统与现代转型［J］．思想战线，2020，46（02）：61-74.

④ 朱虹．解码微公益［J］．攀登，2013，32（05）：75-78，87.

⑤ 杨钊．“微公益”的缘起、问题及发展建议研究［J］．发展研究，2013（11）：113-115.

果等。[①] 汪国华等根据网络慈善发起主体特征等差异，将中国网络慈善分为三种理想类型："网友自发型""企业倡导型"和"慈善组织主导型"，并分析对比了这三种网络慈善模式的动力机制、筹资机制、善款管理机制、监督机制及信任机制等运行机制，进一步根据三种网络慈善运作模式的特性，通过"构建制度信任""建立激励机制"和推进"社会结构发展"来构建相应的长效生发模型。[②]

关于微公益的价值研究，赵敏在《微博时代的微公益理念社会化现状分析》一文中基于 Web 2.0，倡导以集体的力量实践既定的公益理念。在总结"微公益"理念社会化现状的基础上，基于利他主义和基本需求层次理论的分析，来探求"微公益"理念的社会价值。[③] 杨钊指出，"微公益"的发展在一定程度上弥补了政府社会福利制度的不健全，弥补了市场机制分配中可能存在的不公平，弥补了传统公益行为公信力的不足。[④] 冯莹姣等在研究微公益对公众思想道德建设的价值时发现，生活化、常态化的微公益，以简易的运作模式和深刻的公益精神理念，改变了人们对公益的传统看法和对公益精神的原始理解，满足了公众对个人价值和社会价值的追求，在持续的公益实践活动中，促使公益理念逐渐内化为实践主体的道德品质。[⑤]

总体来说，我国有关现代公益的研究较为缺乏，尤其是聚焦于特定领域公益发展的实证研究，"公益+敬老"的研究更为缺乏。因此，以雨花公益敬老组织为案例进行公益敬老模式的提炼，具有一定的理论与现实意义。

第四节　公益敬老的研究意义

一、有利于中国老龄化问题的解决

按照联合国的标准，一个地区 60 岁以上老人人口达到总人口比例的 10%，

① 郑伟．互联网慈善运行模式及监督机制研究［J］．赤峰学院学报，2016，37（04）：91-92.

② 汪国华，张晓光．中国网络慈善运作模式比较研究［J］．社会科学研究，2014（03）：104-110.

③ 赵敏．微博时代的微公益理念社会化现状分析［J］．重庆邮电大学学报（社会科学版），2013，25（01）：118-123.

④ 杨钊．"微公益"的缘起、问题及发展建议研究［J］．发展研究，2013（11）：113-115.

⑤ 冯莹姣，周瑞法．微公益：具象化公益的道德内化——浅谈微公益对公众思想道德建设的价值［J］．浙江师范大学学报（社会科学版），2012，37（01）：111-118.

或65岁以上老人人口占总人口比例的7%，则说明该地区进入了老龄化社会。1999年，中国人口总数超过12亿，60岁以上人口比例当年就突破了10%。截至2021年年底，我国60岁以上的老年人口已达2.67亿，占总人口的18.9%。预计到2050年前后，老年人口会达到4.87亿，占总人口的34.9%，这个老年人口数字将超过美国人口总数。到21世纪下半叶，老年人口仍将保持在3亿以上，老龄化程度为31%左右。中国已经进入并将长期处于老龄社会，这是21世纪中国的一个重要国情。

21世纪是人口老龄化的时代。目前，世界上所有发达国家都已经进入老龄社会，许多发展中国家正在或即将进入老龄社会，中国是较早进入老龄社会的发展中国家之一。发达国家是在基本实现现代化的条件下进入老龄社会的，属于先富后老或富老同步，而中国则是在尚未实现现代化、经济尚不发达的情况下提前进入老龄社会的，并正在由“老龄化社会”向“深度老龄化社会”迈进，属于未富先老。除此之外，我国的老龄化问题和发达国家相比，还呈现出基数巨大、增速迅猛、城乡失衡、空巢严重等特点。

面对中国老龄化问题日益突出的现状，公益敬老活动有助于推动社会关注老龄化问题并寻找解决之道。首先，公益敬老的研究可以帮助社会更好地了解老年人的需求和问题，通过提供合适的公益服务和关怀来解决老年人面临的困境，在一定程度上缓解老年人的孤独和无助感，提高生活质量。同时，这个研究在社会层面上也起到助推公益敬老项目的发展的效果，提高了社会对老年人的普遍关注度和参与度。而基于研究开展的活动也能够传递尊老爱老的社会价值观念，培养社会对老年人的尊敬和关怀之情，并在尊老敬老爱老的氛围中进一步呼吁广大群众自觉参与，运用“复利”效应维持长久的敬老风气。

二、有利于国家老龄化战略部署的开展

2017年10月，党的十九大报告提出“积极应对人口老龄化，构建养老、孝老、敬老政策体系和社会环境，推进医养结合，加快老龄事业和产业发展”。2019年11月，中共中央、国务院印发了《国家积极应对人口老龄化中长期规划》，明确了积极应对人口老龄化的战略目标。

2020年10月29日，中国共产党第十九届中央委员会第五次全体会议审议通过了《中共中央关于制定国民经济和社会发展第十四个五年规划和二〇三五年远景目标的建议》（以下简称“十四五”规划）。“十四五”规划指出，要健全覆盖全民、统筹城乡、公平统一、可持续的多层次社会保障体系，推进社保转移接续，健全基本养老、基本医疗保险筹资和待遇调整机制；实施积极应对人口老龄化国家战略，积极开发老龄人力资源，发展银发经济。特别指出

要推动养老事业和养老产业协同发展，健全基本养老服务体系，发展普惠型养老服务和互助型养老，支持家庭承担养老功能，培育养老新业态，构建居家社区机构相协调、医养康养相结合的养老服务体系，健全养老服务综合监管制度。以养老为主的康养产业无疑成为未来发展的重点。

公益敬老在国家层面上对老龄化战略部署的开展具有重要的影响。面对老龄化带来的挑战，公益敬老的研究能了解老龄化社会的现实需求和挑战，可以为政府制定养老政策、方针提供信息、方案、技术的支持。公益敬老活动可调动民间社会力量，积极引导各个行业和组织，推动敬老政策的落地、实施与推广。公益敬老研究的开展能够推动老龄化工作的提升和完善，还能够增强国家应对老龄化问题的整体战略和应急能力，合理规划和组织公益敬老活动，促进社会资源的协同调配，实现老年人权益的保障和老龄化社会的可持续发展。

三、有利于共同富裕的实现

“扎实推动共同富裕”，是党的十九届五中全会做出的重大战略部署，是“十四五”及未来发展的重要目标、重要要求和重大举措。在实现了第一个百年奋斗目标“全面建成小康社会”之后，中国正在向第二个百年奋斗目标迈进，最终实现“共同富裕”。共同富裕的实现需要通过三次分配，“公益慈善”是实现第三次分配必不可少的实践探索，公益慈善事业是促进第三次分配的主要力量，是实现共同富裕的重要途径和手段。

为实现公益慈善的发展，应传播慈善文化，树立第三次分配的道德理念和价值追求。公益慈善第三次分配文化的核心是慈善文化，公益事业的发展也是一个传递善意的过程，人们从接受善意到开始传递善意，内心得到充实，遵循第三次分配的道德理念和价值追求也随之树立起来，形成人人有爱心的良好社会风尚，激发人们自愿从事慈善事业的热情，为第三次分配的实施奠定基础。公益慈善的发展助力第三次分配的开展，促进物质的共同富裕。人们根据一定的道德观念自觉让渡自身的部分财产的行为，通过发展公益事业可以适度扩大社会保障范围，调节收入分配和贫富差距，尽可能消除社会分配不平衡，实现社会公正。这种分配的呈现形式是多元的，拥有明显的利他性，能够促进物质的共同富裕。公益慈善的发展促进道德的自我追求，达成精神的共同富裕，共同富裕不仅仅是物质上的富裕，更是精神上的富裕。公益慈善不仅能促进物质的共同富裕，更能促进精神的共同富足。

四、有利于中国养老模式的探索

梳理相关资料发现，现阶段我国养老模式主要有居家养老、社区养老、机构养老三种，基于我国人口基数大、传统观念深入人心、经济发展水平问题、公共养老资源欠缺等因素，居家养老与社区养老相结合的养老模式是未来我国养老行业的主要发展方向。

农民主要是居家养老模式，但是目前在农村由于子女外出工作，老人缺少家人的陪伴，形成“身空”的现象。在城市里，有些老人跟子女一起居住，但子女忙于工作与子女教育，与老人沟通交流也不多，老人容易形成“心空”现象。城市里，特别是老人居住密集的社区，具有共建共享的社区养老氛围，逐渐形成了社区互助养老模式。社区互助养老是一种将机构养老和家庭养老有效融合的新型养老模式，社区互助养老与地产养老相比具有投入低、受众广、接受度高等优点，以政府补贴和医保等为主要资金来源，对老人的经济要求不高，使得绝大多数居住在社区中的老人都可以享受到此种养老服务。但此种养老模式的运作时间仅限日间，老年人之间的交流较为有限，社区主要是为老年人提供娱乐的场所。目前很多社区养老缺少文化体系的构建，对老人缺少一定的心灵关怀与文化的引领。

养老服务与其他服务不同的是，养老服务是一种全人、全员、全程服务。所谓“全人”服务是指养老机构不仅要满足老人的衣、食、住、行等基本生活照料需求，还要满足老人医疗保健、疾病预防、护理与康复以及精神文化、心理与社会等需求；要满足入住老人的上述需求，需要养老机构全体工作人员共同努力，这就是所谓的“全员”服务；绝大多数入住老人是把养老机构作为其人生最后的归宿，从老人入住那天开始，养老机构工作人员就要做好陪伴老人走完人生最后里程的准备，这就是所谓的“全程”服务。但目前许多养老机构还停留在医疗保健等关注老人健康方面为老人提供服务，没有真切地关注到老人的精神文化以及心理抚慰等需求。

由上可见，想要使老人不再“身空”“心空”，无论是主流模式中的居家养老还是社区互助养老都需要公益组织积极地介入，这样不但可以减少养老人力资源的不足，还可以对老人进行身心陪伴与精神的关爱，还有助于建构社区互助养老的文化体系。

五、有利于我国公益敬老的蓬勃发展

中国的公益事业，从中华人民共和国成立开始，已有 70 多年的历史。伴随着经济的发展，中国社会的转型，当前众多的社会问题与社会需求如何创造性地解决，既成为政治生活的重要组成部分，也成为整个社会面临的重要课题。2012 年，党的十八大报告强调了创新社会管理，明确要求进行社会体制改革，首次提出将建立现代社会组织体制作为社会体制改革的突破口，其中关于“加快形成政社分开、权责明确、依法自治的现代社会组织体制”的论述，更是成为未来整个社会建设的基本指导思想。公益慈善类社会组织是政府部门明确培育的社会组织类型之一。“十四五”规划第47条中指出，发挥群团组织和社会组织在社会治理中的作用，畅通和规范市场主体、新社会阶层、社会工作者和志愿者等参与社会治理的途径。公益敬老社会组织，因为其公益性，又具备一定的灵活性，可以为老龄化问题的部分解决提供创造性的思路与途径。

六、有利于公益敬老的研究与实践

国外公益创业组织在解决社会公共问题、创造社会价值、提供就业岗位等方面发挥着巨大作用，近年来，我国NGO（非政府组织）、NPO（非营利组织）正在逐步向规范化、法治化的道路迈进，在很多公共问题领域也在进行着尝试。在相关研究方面，在知网上搜索关键词为“公益”的图书，找到与“公益”相关的中文图书829种，对此的研究有对公益文化、公益精神、公益运行、公益慈善发展报告等方面，涵盖着宗教组织、社会企业、青年大学生、社会团体等方面的公益研究，涉及环保公益、生态公益、教育公益、行政公益诉讼等内容。但是，当以书名关键词为“公益养老”或“公益敬老”进行搜索，没有涵盖此关键词的书名。在公开发表的期刊中，文章标题以“公益”为关键词搜索的时候，有关的中文文章有70 210篇；当文章标题的关键词为“公益养老”时，相关的中文文章有188篇。将“公益”与“养老”关联的共23篇，有对公益组织的分析、社区养老的前景、公益参与社会养老的服务等方面的研究。

对已有的文献进行查阅可以发现，公益养老、公益敬老方面的学术研究较少。已有研究更多的是理论性的探讨，也提出公益组织以各种形式参与到养老事业中，但是主要还是一种设想，具体哪些公益组织参与了、公益组织参与有无条件、公益组织参与的效果如何，这些问题都有待进一步研究。

本书以我国全面建成小康社会、高质量发展为时代背景，以共同富裕为视野，立足中国公益敬老的实际，廓清公益及相关范畴的内涵；通过相关文献的梳理，实地考察浙江雨花老年公益事业发展中心，深入了解雨花敬老公益特点、基本状况、运作的模式。对志愿者、老人、慈善捐赠者、公益发起人、执行者分别进行深入访谈。在文献阅读、实地考察与深入访谈的基础上，结合雨花敬老公益已有的相关报道与总结材料，提炼出雨花敬老公益发展的模式、特点、动力，为中国敬老公益的发展提供参照与借鉴；为中国老龄化问题的解决提供思路与途径；为共同富裕的实现提供经验参考。

第五节 本章小结

公益慈善是实现共同富裕的重要方式，目前，我国现代公益组织在发展中面临许多问题与困境，其中较为显著的普遍问题有组织建设和管理问题中的人才短缺问题、资金问题、运营质量效率问题，以及公益伦理问题中的公信力、诚信问题、参与公益活动的主动性问题。这些问题成为阻碍当代公益组织发展的重要原因。但是，总体来说，我国有关现代公益的研究较为缺乏，尤其是聚焦于特定领域公益发展的实证研究，“公益+敬老”的学术研究与实践探索较少，由此，以雨花敬老公益为案例进行公益敬老模式的提炼，具有一定的理论与现实意义。本书采用文献调查、问卷调查、实地观察与访谈的方法进行研究，旨在为中国敬老公益的发展提供参照与借鉴，为中国老龄化问题的解决提供思路与途径，助力我国共同富裕的推进。

第二章　现代敬老公益

第一节　现代敬老公益概述

尊老敬老是中华民族的传统美德，随着时代的发展，尊老敬老的观念已经渗透到我们社会生活的方方面面，弘扬和传承尊老敬老的传统美德对构建和谐社会、推进精神文明建设具有重要意义。随着中国经济社会的不断发展和人口老龄化问题的日益严峻，使我国的养老事业面临一定的挑战。本节主要对中国现代公益敬老的现状研究进行一定的梳理。

由于本书所采用的公益内涵是狭义上的公益，所以敬老公益是指以老年人的这一弱势群体为对象，非政府性、非营利性、救助性、本着平等互助理念自愿参与到帮助老年人安度晚年的敬老事业。在中国知网上以“公益养老”“公益敬老”为关键词，可检索到相关研究 129 条，已有研究主要体现在以下方面。

一是关于敬老公益内容的多样化，有对老人基本生活的满足，如吃饭、住宿、医疗，也有对老人精神生活的丰富，如文艺节目表演；有社区的幸福食堂，以方便老人就餐，解决老人的基本生活需求；有定期为老人理发、上门体检、修理电灯等志愿服务；有公立医院“搬进”养老院新模式，以解决养老机构老年人的医疗问题；有安居养老公益扶助活动，以帮助老人拥有一套理想的养老住房；有为老人表演节目、提供心理慰藉等服务，以丰富老人的精神生活。

二是关于敬老公益参与主体的多元化。有政府主导、企业参与、社区互助、志愿服务、民间组织等主体积极参与到敬老公益事业中。有参与主体联合举办的各种敬老公益模式：顺德养老新模式，该模式采取“政府主导、社会捐赠建设、市场化运作、盈利循环发展”的创新模式运作；温州社区提出的

“公益慈善+互助养老”模式，该模式为社区老人提供养老设施、文体娱乐、心理慰藉、医疗健康等服务，是社区互助养老模式；还有高校公益类社团参与社区养老服务。

三是基于“互联网+”开展的敬老公益新模式，如“互联网+”下的社区微公益服务创业项目；基于“社会组织、社会企业、社工、社区”四者合作行动的“电商+公益”社区养老新模式。

老龄化社会的到来，使我国的养老事业确实面临一定的挑战，但是在政府主导、各社会力量的汇聚、互联网时代的到来、人工智能不断发展的背景下，敬老公益也将随着我国现代化的进程迎来新的发展机遇，取得新的突破。雨花敬老公益就是一种新型的民间公益养老实践，是对我国现代敬老公益模式的一种新探索。其经过十多年的探索与实践，已形成较大的影响力，取得不错的社会反响，并形成自身的文化系统，下面将对其运行模式进行详细的介绍。

第二节　雨花敬老公益的来源

雨花敬老公益是一种新型的民间公益养老实践，在其数年如一日的坚守中，雨花敬老公益探索出了五种敬老公益模式，分别是“雨花 1.0——免费午餐厅”“雨花 2.0——社区邻里互助敬老”“雨花 3.0——心灵敬老”“雨花 4.0——家庭互助机构养老”“雨花 5.0——智慧敬老”。除此之外，雨花公益敬老的服务方式有所创新，不同于传统的养老服务，雨花敬老公益开拓出“互助养老”的服务方式，由低龄老人服务高龄老人，实现老有所为的创新转变。同时，雨花敬老公益还对公益慈善进行了延伸与拓宽，以更好地满足各社会群体的需要，建立了老年活动中心、少儿活动中心等项目。雨花书院、雨花行动公益基金的成立，使得这个公益慈善项目逐步走上了规范、依法、良性、有序、可持续发展的轨道。

全国第一家雨花免费餐厅，在建德市新安江街道新安江大厦创办。据不完全统计，第一家建德雨花免费餐厅，从开办起至 2022 年，其免费供应素食的情况如下：

2011—2013 年，每天供两餐，中午约 400 人，晚上约 100 人。两年合计约服务 36.5 万人次。

2013—2017 年，每天供两餐，中午约 150 人，晚上约 100 人。四年合计约服务 36.5 万人次。

2017—2019 年，每天供一餐，每餐约 80 人。两年合计约服务 6 万人次。

2019—2022 年，因疫情，供餐服务暂停。

截至 2019 年累计供应免费素食约 80 万人次。

第三节　雨花敬老公益的发展

作为全国第一家免费餐厅，“雨花建德一店”开张以来，很多爱心人士都慕名前来交流和学习，雨花精神被广泛传播，并把“开免费午餐厅”的善念善举从建德推广到了全国。

浙江省德清县的一个家庭，母亲王美仙、女儿王飞艳和女婿徐国梁出资于 2012 年 9 月 8 日在德清武康镇同心路 118 号开办了雨花免费餐厅，这是第二家雨花免费餐厅。

2012 年 12 月 3 日，常州雨花免费餐厅在天宁区局前街新都大厦 12 楼开业，发起人为杨冬杉、王萍萍、周亚萍、陈海等，这是第三家雨花免费餐厅。

在这几家雨花餐厅的开办、营运的过程中，浙江省温州市包括一批企业家在内的爱心人士专门到第一家雨花餐厅进行了较长时间的学习和取经，回温州后办起了受到当地政府和社会各界广泛重视的第八家雨花餐厅。《温州日报》的记者专门写了长篇报道，在社会引起了较大的反响，产生了较强的传播效应。

2013 年 9 月 12 日，即第一家雨花免费餐厅开办后两周年之际，在吉林省长春市农安县凯德花园小区开办了第十家雨花餐厅——这家雨花餐厅对后来东北地区雨花餐厅的发展起了重要的引领和示范作用。

从建德第一家雨花免费餐厅开始，短短一年多的时间里，浙江德清、温州、绍兴，江苏盐城，安徽芜湖，江西九江，吉林长春等 10 多个城市纷纷有志愿者学习仿效，开办造福老人的免费餐厅，都取名为“雨花餐厅”。（如表 2-1 所示）

表 2-1　前十家雨花餐厅开办的时间、地点、发起人

雨花餐厅名称	地址	发起人	开办时间
建德一店	浙江杭州市建德市新安江街道新安江大厦 1601 室	沈卫平	2011-09-12

续表

雨花餐厅名称	地址	发起人	开办时间
德清武康镇店	浙江湖州市德清县武康镇私营城同心路118号	王飞艳	2012-09-08
盐城解放南路店	江苏省盐城市解放南路188号缤纷亚洲	孙中	2013-01-08
建德二店	浙江杭州建德市新安江街道新安东路583号	赖治频、蒋建飞	2013-03-03
大同镇马乡店	浙江杭州市建德市大同镇马乡儒博村	张菊花	2013-02-19
银湖波尔卡大街店	安徽芜湖市银湖波尔卡大街国际花园S4门面	陈爽、郑荣祥、张婷婷、张树喻、王翠香、田传广	2013-07-30
温州龟湖店	浙江温州市鹿城区龟湖路31弄9号	C. H、郑俊杰、陶玲、金晓蕾等10人	2013-08-06
都昌左里镇店	江西九江市都昌县左里镇政府对面	李小红	2013-09-05
绍兴环城东路店	浙江省绍兴市越城区环城东路1966号	王彤生、王雅珍	2013-09-08
吉林农安店	吉林省长春市农安县凯德花园正门北	孙逊、王雁龙	2013-09-12

（资料来源：浙江雨花素食研究推广中心）

由于一批具有一定经济实力的企业家相继开办雨花免费餐厅，雨花敬老公益得到了更加广泛的传播，全国各地的仿效学习者也越来越多。到2015年上半年，全国雨花免费餐厅突破100家，主要分布在浙江、江西、江苏、安徽、山东、河北、湖南、湖北、广东、河南、陕西、云南、贵州、四川和东北三省。到2015年年底，全国雨花餐厅突破200家，其中东北三省涨势最为迅猛。2016年的增幅最大，全年开办了432家雨花餐厅。2017年以后，增速有所减缓，到2019年8月，全国雨花餐厅总数达到921家，还相继在澳大利亚、马来西亚、印度、美国、斯威士兰、柬埔寨、莫桑比克、日本、德国等国家开办了雨花免费餐厅。这些都是大致仿照第一家雨花免费餐厅的模式，由爱心人士自发、自愿、自主开办的。(如表 2-2、表 2-3 所示)

表 2-2　2011 年 9 月—2019 年 8 月雨花餐厅数量及增长表

	2011 年	2012 年	2013 年	2014 年	2015 年	2016 年	2017 年	2018 年	2019 年
总数（家）	1	2	11	60	202	634	776	849	919
新增（家）	0	1	9	49	152	432	142	73	70
环增		100%	450%	445%	253%	214%	22%	9%	8%

(资料来源：浙江雨花素食研究推广中心)

表 2-3　全国雨花餐厅省级行政区域分布（截至 2019 年年底）

省级行政区	数量	省级行政区	数量	省级行政区	数量	省级行政区	数量
北京市	14	山东	67	广西	11	江苏	52
天津市	15	山西	14	云南	4	浙江	87
上海市	8	陕西	13	四川	12	福建	96
重庆市	4	宁夏	5	贵州	18	中国台湾	7
黑龙江	54	甘肃	10	河南	18	中国香港	5
吉林	30	新疆	4	湖南	29	中国澳门	1
辽宁	47	青海	0	湖北	40	海南	0
内蒙古	21	西藏	0	江西	32		
河北	51	广东	103	安徽	48		
总计	932 家（其中，国内 920 家，海外 12 家）						

(资料来源：浙江雨花素食研究推广中心)

整体上来看，雨花餐厅主要分布在市/县城的中心城区及边缘城区，占比为 81.71%，其他地区占比为 18.29%，农村仅占 8.34%。其中原因可能主要在于农村交通便利程度不足、人口密集度较低、食材配送不便、志愿者招募较难等。然而，我们知道，其实我国农村老人占了更大比重，由于上述原因所限，雨花餐厅还较难惠及这些地区。从地域分布上看，第一家雨花免费餐厅开创于浙江杭州市建德市，前十家中有六家建立在浙江省，这也许与浙江高质量的发展密不可分。

从 2011 年 9 月建德一店的开办到 2020 年 3 月，雨花免费餐厅从一家发展到近千家。在 9 年的时间里，雨花免费餐厅逐渐摸索出一种与社会发展适应度较高的多重变体模式。同时，“雨花免费餐厅”也根据不同的需要、不同的区域文化入乡随俗地演化成不同的形式，比如，各种带有地方特色的社区食堂、乡情食堂、老年服务中心、同心老年公寓等。“雨花免费餐厅”的创办，并非为了创立某种品牌，而是为了唤起更多的社会良知，故而“雨花”并没有自己的商标权。“雨花”的牌子，更像是对大众爱心精神的召唤。

第四节　雨花敬老公益的模式

随着雨花免费餐厅的蓬勃壮大，在数年如一日的坚守中，雨花探索出了五种敬老公益模式，分别是“雨花 1.0”“雨花 2.0”“雨花 3.0”“雨花 4.0”“雨花 5.0”。

“雨花 1.0”是基于提供免费午餐的雨花餐厅模式。在这些雨花餐厅中，众多的雨花志愿者在努力把社会上间歇性的、活动性的公益，转变成三百六十五天无间歇的、常态化的、生活化的公益。于公益而言，这是弘扬公益精神、坚持公益事业的优秀典范；于老人而言，这是满足饮食需求的良好场所，是居家养老的有益补充。

“雨花 2.0”是社区邻里互助敬老模式。这一模式以杭州金都夏宫社区为典范。2017 年 4 月 15 日，雨花社区敬老行动在浙江省余杭区茅山社区启动，乡情中心项目组成立，入住金都夏宫，开展邻里互助敬老的探索。2018 年 6 月 14 日，茅山社区乡情中心项目组成功孵化出由社区居民、物业、开发商和社会组织共同发起的民非组织——杭州市余杭区乡情夏宫公益服务中心，深入推进邻里敬老探索。免费开办雨花食堂和相应的蔬菜种植园，举办各种雨花公益教育活动。以公益组织为核心，由房地产开发商、业主委员会、物业公司和街道社区的嵌入式公益互助关系形成。房地产开发商、街道社区免费为上述公益行动提供场所，业主委员会组织业主，特别是家中低龄的老人参加到雨花敬老公益行动中去，最终形成睦邻养老模式：社区内由身体健康、低龄老人作为志愿者以及社区内的年轻人和其他志愿者等来照顾失能或半失能老人。在一个社区内，前者的数量数倍于后者，加之其他志愿者的配合，足够照顾到本社区内的半失能老人。这些健康、寂寞的低龄老人们，以及众多的空巢老人们，会因照顾其他无自理能力的老人而获得成就感、幸福感，乃至帮助国家解决老龄化难题的使命感，既锻炼了身体又滋养了心灵，同时也获得了对未来有稳定预期的安全感——将来他们自己失去自理能力时，也会有其他的健康、低龄老人来照顾、呵护自己。

“雨花 3.0”是心灵敬老模式。2019 年 1 月 2 日，同心倾听项目组成功孵化出建德市同心倾听助老服务站，开展心灵敬老的探索。雨花敬老公益通过爱与陪伴、用心倾听等多种形式，记录老人的心声、宝贵的人生经验。这份记录将传给他们的儿女。若征得老人同意，也可以公开出版发行，代代相传，帮助老人完成教育下一代的社会使命，也让老人的生命得到升华。

“雨花 4.0”是家庭互助机构养老模式。2019 年 7 月 30 日，筹建含山月老年公寓（如图 2-1 所示），开展“雨花 4.0”模式，即机构敬老的探索。来自不同血缘家庭的老人、儿孙、志愿者以及聘请的养老从业人员，彼此互助共同赡养老人，共同营造老人幸福终生的家园。这一模式的目标是降低老人阿尔茨海默病及失能的发病率，助力老人获得尊严和善终。

图 2-1　建德含山月老年公寓

“雨花 5.0”是正在探索中的智慧敬老模式。2019 年 8 月，雨花空巢互联项目组成立，开始智慧养老的探索。智慧养老是融合科技、教育、心理、信仰四位一体，在政府的支持下，由社会组织、科技公司、产品制造商及服务机构等共同发起的，借助智能设备，为空巢老人提供应急救助、主动关爱和生命教育，倡导全社会互相连通、共同孝敬所有老人，以实现“全覆盖敬老，将敬老进行到底”的联合行动。

第五节　雨花敬老公益的特色

一、低龄老人服务高龄老人的“互助养老”

雨花公益敬老开办的初衷，是面向老人免费提供餐厅，在实际用餐人群中，70%是60岁以上的老人。在调查中发现，不少在雨花餐厅提供服务的志愿者中有大量的老人。询问相关负责人后得知，雨花餐厅不少志愿者是由用餐者转变而来的，所以有比较普遍的低龄老人服务高龄老人的现象。

雨花餐厅为老年人从事社会公益事业、进行自我服务、自助助人，从而实现自身的价值提供了平台。助人也是一种自助，老年人积极参与社会事务不但能改善他们自身的生活状态，还能促进社会敬老养老环境的改善，达到自身和社会的双赢。这种互助养老模式，在一定程度上解决了家庭儿孙分身乏术、没有专业照护能力的问题，找到了挖掘“健康活力老人”这一宝贵的养老人力资源的有效方式。在雨花平台上，老有所为、积极老龄化、老人是宝等观念不断被提出和践行，对当今社会流传的“老人无用论”而言，这无疑是一种转变和创新。

二、根据形势为需要的人灵活供餐

雨花餐厅并不仅限于为老人供餐。在第一家雨花餐厅开办之初，就有附近的环卫工人来吃饭。对此，志愿者们想到环卫工人大多是外地来谋生的农民和失业者，工作辛苦，收入又低，因此对他们前来用餐并无怨言。听说雨花餐厅吃饭不要钱，一些乞讨者、流浪者等也来餐厅吃饭，雨花创办者认为：“不管是谁，总归要吃饭。不在这里吃，就会在别处吃，要是别处没得吃，这里又不让吃，说不定就会去违法找吃的，吃了就好。”从此，雨花免费餐厅逐渐面向各种有需要的人开放。

有些老人自己吃完之后，还希望志愿者们同意打包带回去。志愿者们认为这违背了“够了就好”原则，但面对老人的需求又不好拒绝。后来，经过了解，这些还要打包回家的老人，要么是家有瘫痪在床的家人，要么是有行动不便的邻居，要么是希望带回家当晚饭……总之，是有需要的。针对这一现象，雨花餐厅基于项目发起的初心，允许老人们打包，并为此储备了大量的环保快餐盒，供有需要的老人打包之用。在调研中发现，这种打包现象几乎存在于各个雨花餐厅中，只是数量不同，有的雨花餐厅每天供应近千份免费素食，其中四成是打包出去的。在了解打包情况的过程中，志愿者们还发现有不少老弱病残等群体无法前去免费餐厅用餐。经商定，对这类人群决定由志愿者们送饭上门。有些距离医院不远的雨花餐厅，每天给住院病人及家属送饭到病房，也给因为忙于手术而没有时间离岗吃饭的医生、护士送饭。我们了解到，还有爱心人士计划在医院旁边开办雨花免费餐厅，以便就近惠及患者和医生、护士。2020 年新冠肺炎疫情暴发期间，因为不能聚集，所以部分雨花餐厅停止供餐，部分雨花餐厅减少用餐者，改为主要面向 80 岁以上的老人提供服务。

第六节　雨花敬老公益延伸项目

在调研中我们发现，除了以上项目之外，雨花还将公益慈善进行了延伸与拓宽，以更好地满足各社会群体的需要。

一、老年活动中心

雨花餐厅在非用餐时间是空置的。因此，有的雨花餐厅就利用闲置时段，推出新的爱心公益举措，有的利用老人提前到达的这段时间，与老人一起诵读传统文化经典；有的几乎成为老年活动中心，还举办银龄课堂和老年大学，把附近的老年人组织在一起，既可以学习和分享优秀传统文化，又可以举办各种文化娱乐活动，交流信息、聊聊家常、吹拉弹唱、健身休闲，不一而足。

二、少儿活动中心

由于雨花餐厅大多只供应午餐，一般到下午三点左右用餐时间就基本结束了。有的雨花餐厅就利用下午的空闲时间，把餐厅变成了少儿（小学生）课后活动中心。各地小学一般于下午四点左右放学，而家长们最早也要到五六点才下班，不少孩子就存在一两个小时的“监护空档”。对这种情况，雨花志愿者们会去学校把有“监护空档”的孩子们接到店里来，让他们在店里写作业、温习功课，或者举行有趣的娱乐活动。既为家长们解忧，又让孩子们放学后有了最好的去处。

三、社区互动中心

有的雨花餐厅开办在社区，大多数来雨花餐厅吃饭的老人住在同一个社区，时间一长，彼此都认识。雨花餐厅的管理者就把大家组织起来，在日常生活中互相帮助：身体健康状况较好的老人照顾状况较差的老人，针对个别丧失行动能力的老人，大家还会轮流上门照顾；等到前者变为后者，又有健康状况良好者照顾他们。另外，小区中很多老人担负着接送孙辈上下学的家庭责任，雨花餐厅的店长就组织大家统筹安排接送，即一两位老人一起接送一群孩子，从而解决了家长们的困扰。这样，雨花餐厅就变成了社区老人们的互动中心。

四、筹备开办养老院

雨花餐厅的发起人想在免费餐厅的基础上开办养老院。由于开办养老院费用巨大，涉及土地、基建、各种设施和每天的饮食，以及日常生活护理和医疗保障，养老院对有经济能力的老人收取成本费，对经济能力不足或没有经济能力的老人实行减免，对长期坚持在雨花餐厅做志愿者的家人，则计划将来允许其免费入住雨花养老院。对这些养老服务延伸的尝试，是因为此慈善公益项目具有广泛的需求和开拓扩展的巨大空间。

第七节　雨花敬老公益的组织保障

雨花书院、中华社会文化发展基金会雨花行动公益基金的成立，使得雨花敬老公益项目逐步走上了规范、依法、良性、有序、可持续发展的轨道。

一、创办雨花书院，提升志愿者素养

随着雨花公益事业的发展，各地雨花组织也面临着更多新问题、新挑战，亟须从组织建设上对其进行正面的引导和塑造。参与雨花事业的志愿者意识到雨花事业的发展离不开志愿者德行素养的提升，而对优秀传统文化、政策法规的学习正是提高德行素养最好的方式之一。于是雨花志愿者们自发组成学习小组，每周集体学习优秀传统文化，这便是“雨花书院”的雏形。2014 年 2 月 21 日组成了运营组、礼乐组、教学组、后厨组。此后，各地相继自发自主自筹资金开办起“东莞雨花书院”“龙口雨花书院”“清泰雨花书院”，以帮助

各地雨花餐厅的运营和发展。以龙口雨花素食餐厅为例，龙口雨花书院针对龙口及周边雨花敬老家园，乃至全国的雨花人不定期地开办培训班。截至 2019 年 9 月，龙口雨花书院已举办了 12 期学习培训班，累计超过 900 人次参与了培训。培训主题既有学习优秀传统文化的“雨花传统文化共学班”“龙口雨花书院扎根共学班”“让夕阳红起来——《了凡四训》学习班”，也有学习专业技能、实际操作的“同心老年公寓心灵呵护训练营”“0~3 岁幼儿家学教育操作实务培训班”“五福素宴与中式婚礼”培训班等。

志愿服务既需要有理想、有共识、有热情，还得符合法律法规，其中最主要的依据就是《中华人民共和国慈善法》（以下简称《慈善法》），《慈善法》是为了发展慈善事业，弘扬慈善文化，规范慈善活动，保护慈善组织、捐赠人、志愿者、受益人等慈善活动参与者的合法权益，促进社会进步，共享发展成果而制定的法律。这部法律由中华人民共和国第十二届全国人民代表大会第四次会议于 2016 年 3 月 16 日通过，自 2016 年 9 月 1 日起施行。有了这部《慈善法》，中华民族乐善好施、守望相助的优良传统就能在法律的规范与保障下发扬光大。

为了规范全国雨花敬老公益行为，让雨花敬老公益在法治轨道上顺利发展，雨花书院还邀请著名法学家主讲《慈善法》。东莞雨花书院先后主办了约 20 期讲座，使得各地雨花餐厅的发起人和志愿者对《慈善法》有了更深入的了解，以便在服务老人的过程中做到依法行善。例如，如果在志愿服务中发生被服务者或第三人造成财产损失、人身损害的情况，志愿者是否需要承担法律责任？按照《慈善法》第 106 条的规定，在志愿服务过程中致人损害的归责原则是过错责任原则——无过错不担责，受损害的被服务者或第三人承担责任的主体是慈善组织，而不是志愿者，志愿者不直接对被服务者或第三人承担责任。只有在志愿者有故意或有重大过失造成被服务者或第三人损失的情形下，志愿者有法律责任，在慈善组织赔偿的前提下可向志愿者追偿。又如，当邻居、志愿者和物业管理者参与到空巢互联的行动中，其能否接收并使用老人的钥匙？面对这些具体的问题，雨花敬老家园请律师对志愿者的法律风险进行了解释。空巢老人将钥匙给志愿者或慈善机构在法律上是一种授权行为。接收老人钥匙之前志愿者或志愿者组织需要跟老人签一个协议，对钥匙怎么保管、在什么情况下帮助老人、如果发生事情在什么情况下免责等问题要形成一个规范的协议，在协议的基础上实施志愿服务，才能受到法律的保护。在服务老人的过程中会面临很多复杂的情况，了解这些法律知识才能保护志愿者的权益，做到依法行善。

二、成立“雨花行动公益基金”，统筹雨花整体发展

2017 年 1 月 5 日，由华夏纽带工程和“浙江雨花素食推广研究中心”共同发起，成立了“雨花行动公益基金”。该公益基金是中华社会文化发展基金会下设的专项基金，旨在引导、规范、提升各地雨花公益组织合法合规地开展敬老公益活动。雨花行动公益基金设立以后，在中华社会文化发展基金会的引领下，主要开展了以下工作。

①加强引导，提档升级公益活动。引导督促各地雨花公益团体注册社会组织，合法开展敬老公益活动，并定期向所在地基层党组织和政府汇报活动开展情况。

②探索养老模式，关爱空巢老人。如在杭州金都夏宫小区进行社区睦邻敬老居家社区养老模式探索，广泛倡导在社区领导下，党建引领，居民协商自治，联合开发商、物业、各社区服务商及社会公益组织共建社区幸福家园。

③开展课题研究。探索公益组织如何配合国家的养老、文化发展等战略的相关问题。

④与雨花书院合作，加强志愿者文化和技能素养的培训（如表 2-4 所示）。如开展“雨花文化与社会主义核心价值观”的学习，和北京十方缘基金会合作开展老人心灵呵护敬老志愿者培训，累计培训志愿者近 500 名。

⑤探索智慧敬老模式。拟运用现代大数据/人工智能等高科技，以满足空巢老人的生活陪伴、生命关怀、救急互助等方面的需求。

表 2-4　东莞雨花书院开班统计

序号	课程名称	开课时间	报名人数	实际参学人数	男	女	参学雨花家园	学习天数
1	第一期“家文化”店长实修班	2016-01-08—01-13	144	134	43	91	37	6
2	第二期“家文化”店长实修班	2016-02-27—03-04	203	184	63	121	65	6
3	东莞雨花书院第一期礼乐班	2016-03-10—03-14	77	61	16	45	46	5
4	第一期《慈善法》学习班	2016-07-25—07-27	125	94	33	61	94	3

续表

序号	课程名称	开课时间	报名人数	实际参学人数	男	女	参学雨花家园	学习天数
5	第一期雨花子弟“孝心”夏令营学习班	2016-08-12—08-18	79	78	40	38	/	7
6	第二期《慈善法》学习班	2016-09-09—09-16	90	72	23	49	32	8
7	第三期《慈善法》学习及店长“家文化”落地实操班	2016-10-26—11-02	216	128	/	/	44	8
8	第一期雨花“孝心餐”交流学习实操班	2016-11-20—11-30	30	18	10	8	17	11
9	第四期《慈善法》学习班	2016-11-22—11-30	144	115	32	83	44	9
10	第二期雨花“孝心餐”厨师共修共学交流班	2016-12-09—12-19	25	18	14	4	18	11
11	第五期《慈善法》学习及店长“家文化”落地实操班	2016-12-12—12-19	123	117	39	78	38	8
12	第一期运营学习班	2017-02-16—02-28	40	40	21	19	12	13
13	第六期《慈善法》学习及店长“家文化”落地实操班	2017-02-18—02-26	129	115	34	81	56	9
14	第三期雨花斋“孝心餐”厨师学习班	2017-03-10—03-21	27	19	16	3	19	12

续表

序号	课程名称	开课时间	报名人数	实际参学人数	男	女	参学雨花家园	学习天数
15	第七期《慈善法》学习及店长“家文化”落地实操班	2017-03-13—03-21	135	129	36	93	63	9
16	第四期雨花“孝心餐”厨师学习班	2017-04-04—04-14	14	13	10	3	12	11
17	第八期《慈善法》学习及店长“家文化”落地实操班	2017-04-06—04-14	135	116	47	69	58	9
18	第五期雨花“孝心餐”厨师学习班	2017-05-10—05-20	19	12	9	3	12	11
19	第九期《慈善法》学习及店长“家文化”落地实操班	2017-05-12—05-20	142	111	40	71	62	9
20	第二期雨花子弟“孝心”夏令营学习班	2017-08-18—08-28	73	64	39	25	/	11
21	第十期《慈善法》学习及店长“家文化”落地实操班	2017-11-19—11-27	146	123	44	79	53	9
22	第六期雨花“孝心餐”厨师学习班	2017-12-15—12-26	20	14	11	3	14	12
23	第十一期《慈善法》学习及店长“家文化”落地实操班	2017-12-18—12-26	138	122	33	89	57	9
24	第十二期《慈善法》学习及店长“家文化”落地实操班	2018-01-22—01-27	61	54	21	33	18	6

续表

序号	课程名称	开课时间	报名人数	实际参学人数	男	女	参学雨花家园	学习天数
25	第十三期《慈善法》学习及店长“家文化”落地实操班	2018-03-22—03-29	138	109	30	79	57	8
26	第十四期《慈善法》学习及店长“家文化”落地实操班	2018-05-04—05-11	105	77	25	52	41	8
27	第三期“脐带同心”亲子夏令营学习班	2018-07-10—07-18	72	49	26	23	/	9
28	第二期运营信息学习班	2018-09-08—09-16	17	15	5	10	14	9
29	第十五期《慈善法》学习及店长“家文化”落地实操班	2018-09-08—09-16	105	85	34	51	39	9
30	第十六期《慈善法》学习及店长“家文化”落地实操班	2018-12-13—12-20	123	95	28	67	48	8
31	第十七期《慈善法》学习及店长“家文化”落地实操班	2019-07-09—07-16	161	126	37	89	57	8
32	第十八期《慈善法》学习及店长“家文化”落地实操班	2019-08-22—08-28	153	121	41	80	45	7
33	第十九期《慈善法》学习及店长“家文化”落地实操班	2019-11-02—11-08	156	130	26	104	57	7
34	第二十期《慈善法》学习及店长“家文化”落地实操班	2019-12-13—12-20	116	84	26	58	43	8
合计			3 481	2 842			1272	

由上述内容可见，雨花公益组织的发展规模、服务内容、因时因地探索的敬老模式、为其规范有序可持续发展而成立的书院与基金组织，都体现出雨花公益敬老组织是中国公益敬老中的典型代表，对其的研究能为中国敬老模式的探索、老龄化问题的解决提供重要思路。

第八节　本章小结

在人口老龄化不断加速、传统家庭功能不断弱化以至于空巢老人数量逐年增长的社会背景下，全国第一家雨花免费餐厅的创办，帮助了弱势的老年群体，让他们吃上了免费、健康的饭菜。这种带有传统敬老文化的公益得到了爱心人士和老年人的认可，越来越多的雨花公益组织在中国大地上生根发芽。在这个过程中，雨花敬老公益因时、因地、按需逐渐延伸拓宽了更多慈善公益项目：老年活动中心、少儿活动中心、养老院等。雨花的服务人员与服务方式也在不断创新与延伸，在不断学习进步的精神和数年如一日的坚守下，雨花公益组织成功探索出从“雨花 1.0”到“雨花 5.0”五种敬老公益模式，这成为雨花蓬勃发展的支柱，也为我国敬老公益的发展模式提供了借鉴。

第三章　雨花敬老公益运作模式

目前我国养老普遍存在三个困惑：第一，目前的机构养老难以满足中国老人有尊严的养老和善终的内在需求。第二，儿孙没有那么多的时间精力照顾那么多的老人，当老人生病的时候也缺乏专业的照护能力。第三，养老的人力资源严重不足。到 2050 年，我们国家老龄人口占总人数将会达到近三分之一，“请谁养老”将成为严重问题。所以无论是居家养老、社区养老还是机构养老，养老的人力资源都将严重缺乏。雨花敬老公益的五个运作模式，可以为中国养老问题的解决提供一种思路与借鉴。

雨花敬老公益的营运是自愿发起、自发组织、自主经营的。各雨花敬老家园不存在“总店”和“分店”的垂直关系，而是扁平化的组织，财力、物力、人力各自独立。在其整个的发展过程中，根据老人的需求、各地的实际情况而开展。目前发展出以下几个模式：第一，提供免费午餐的雨花餐厅模式，即“雨花 1.0”。第二，社区邻里互助敬老模式，即“雨花 2.0”；第三，心灵敬老模式，即“雨花 3.0”；第四，家庭互助机构敬老，即“雨花 4.0”；第五，正在探索中的智慧敬老模式，即“雨花 5.0”。心灵敬老“雨花 4.0”、智慧敬老“雨花 5.0”是对其他三个敬老模式的一种提升与加强。从这些模式中可以发现雨花敬老公益从比较单一的社会组织，走向政府、企业、社会形成多元合力的公益组织；从草根公益走向在党的领导下，具有较强基层社会治理功能的组织；从刚开始的感恩文化，发展为社会主义核心价值观贯穿其中，孝道文化、优秀传统文化、家道文化融合为一体的文化载体。

第一节　雨花免费餐厅——“雨花 1.0”

一、创办缘由——善字为首，无所求

全国第一家雨花免费餐厅，是余海全老人用全部个人积蓄共 5 万多元创办的，他希望弱势的老年群体能吃上免费、健康的饭菜。余海全老人心系苍生，深知人之“老苦”，创办免费餐厅是其人生夙愿。

雨花免费餐厅开始运营后，有人问老人开办这家店的意图是什么，老人只是摆摆手说：“要以无所得的心去做，做了就好，吃了就好。”这些理念后来成了雨花敬老公益开办运营的基本精神。

二、免费雨花素食餐厅概况

地处建德市新安江街道新安江大厦第 16 层的第一家雨花敬老家园面积只有 100 平方米左右，有 60 多个座位，桌椅风格古朴。

笔者于 2020 年走进浙江省建德市第一家雨花餐厅的时候，就被店内的传统文化和中国古典气息所包围，同时，随处可见的绿植和木制家具装饰，充分展示了自然和朴素的理念。

此外，通过对全国其他雨花敬老餐厅的走访发现，各种文化标语在雨花餐厅随处可见，店内的布置不但有传统文化、社会主义核心价值观，还有感恩文化的标语。这些张贴的文化标语，都体现了雨花公益组织中各种文化的融合与兼容并蓄。

“雨花 1.0”版本的组织架构非常简单，有老人、有志愿者、有捐赠者就可以开设雨花免费餐厅，是一个比较单一的社会组织。

志愿者的理念或者想法非常单纯，就是想把饭给到需要的人手里。第一家雨花免费餐厅的运行者、店长许女士，也是主要的厨师说：“当时，我们这些志愿者，因为人不多，要做的事情很多。但是大家并不觉得累，看到免费餐厅被周围人认可，越来越多的人来吃饭，到后面都排队打菜，就很开心满足，总是想着如何把饭菜烧得更好吃，以让更多的人喜欢与热爱。因为饭菜可口，还吸引了当地的政府工作人员前来就餐。”

三、效果：实现了“天下有免费的午餐”

第一家雨花免费餐厅的运行者、店长许店长说：“刚开始大家上楼吃饭，后来慢慢人多起来了，当时因为店小，坐不下，饭菜烧好后，直接搬到楼下分给来领饭菜的人。刚开始，很多人不相信，觉得怎么会有‘免费’的午餐?”其中有一个家境非常好的退休老人，家中有保姆，也来打饭。许店长问他：“老爷爷，您这么大的年纪了，家中有保姆，您让保姆来领饭就可以了。”老爷爷回答：“我就是来看看，天下到底有没有免费的午餐！”雨花免费餐厅志愿者日复一日地坚守，终于让周边的居民慢慢相信“天下是有免费的午餐的”。雨花餐厅也在不断发展、各地开花，为附近的居民老人提供免费的午餐。

从“雨花 1.0”可以发现，只要有老人、有志愿者、有捐赠者，就可以开设雨花免费餐厅，其是一个比较单一的社会组织。凭借着发起人的初心、志愿者的热心、老人们的舒心，雨花敬老家园在其发展的道路上不断前进。

第二节　社区邻里互助敬老模式——“雨花 2.0”

一、创办缘由——完善部分社区治理功能

雨花项目主要运行者程秘书长说：“我们从 2016 年年底就开始研究，怎么让这种社会上的公益慈善模式能够纳入整个国家治理体系中，进入社区村庄这种最基层的社会体系中。在 2017 年 4 月 15 日，我们就举行了雨花研讨会。这个研讨会就标志着雨花 2.0 模式的开始。雨花公益组织走入社区，首先是在茅山社区，该社区原来就有雨花餐厅，我们来了后，又弄了一个乡情食堂。乡情食堂和原先的雨花餐厅有什么区别呢？第一，它的场地由物业提供。第二，用餐的这些老人，主要就是来自社区。第三，志愿者的也是社区里的居民。社区居民、物业和房产开发商、雨花公益组织共同发起的一个社区级的服务型社会组织。有政府组织、社区的参与，这是不同于“雨花 1.0”的模式之处。”

“2017 年 4 月 15 日是茅山社区成立的日子。我们请了社区支部书记来发表讲话，书记表示愿意支持我们的公益活动。然后我们在他社区里备案后，再开展各项工作。一年以后雨花就成立了社会组织，而且我们与物业建立了联合党支部。”

从发起人兼主要运行者程秘书长的讲话中可以发现，雨花公益敬老组织希望能融入社区治理体系、完善社区治理，以社区为载体，调动多方力量共同参与养老事业，进一步完善社区治理功能，形成共建共享的社区养老模式。

二、社区邻里互助敬老模式概况

目前的社区邻里互助敬老模式，即“雨花 2.0”版本是在社区领导、居民主体、社会组织参与下的互助敬老模式，是对社区现有功能的补充或加强。以浙江省杭州市余杭区茅山社区金都夏宫社区互助敬老为例，其组织框架如图 3-1 所示，在党的领导下，设置三大板块：乡情食堂、乡情书院、家务行政部；三大板块下设 17 个部门。

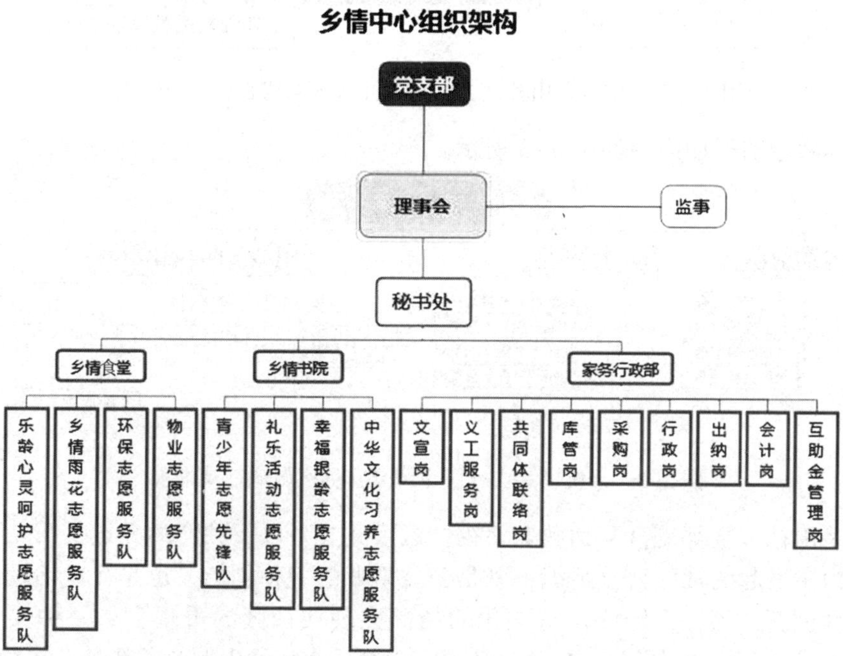

图 3-1　余杭区茅山社区金都夏宫社区敬老组织框架

其核心运行模式如下：以敬老为核心，以中华伦理道德教育为精神支撑，以社区邻里互助为基础（如图 3-2 所示）。

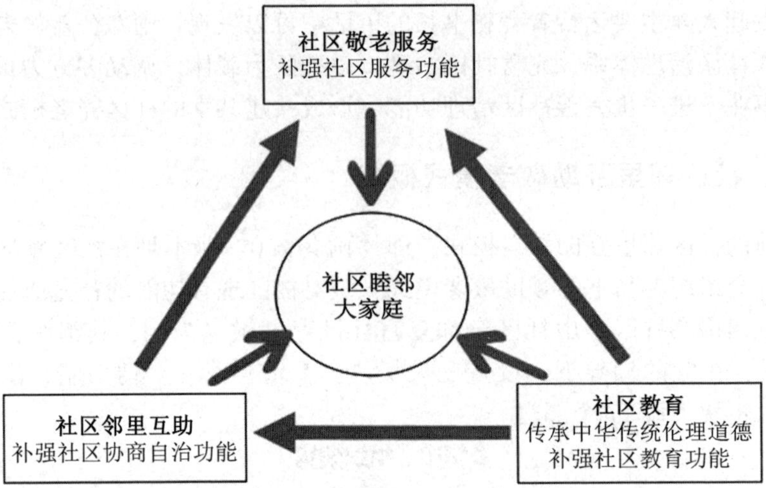

图 3-2　余杭区茅山社区金都夏宫社区敬老核心运行的模式

其敬老的行动内容如图 3-3 所示。

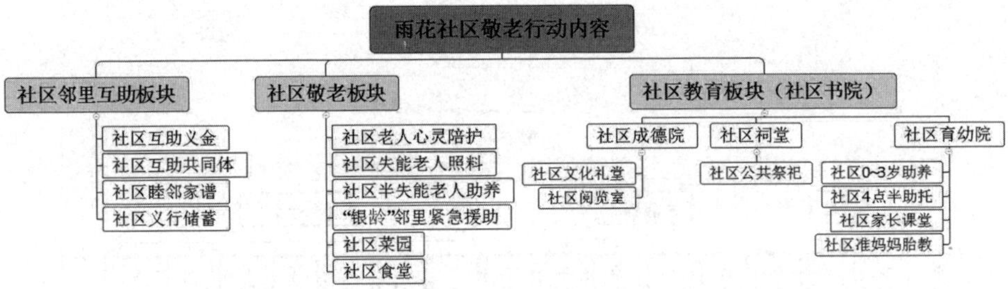

图 3-3　余杭区茅山社区金都夏宫社区敬老行动内容

茅山社区金都夏宫互助敬老幸福社区模式具备以下独特的亮点：第一，以居民为主发起的社区公益组织，既是公益事业的一种创新，也是社区治理运营的一种创新；第二，传统祠堂文化的精髓在现代社区的重现，是一种文化创新；第三，全龄全时的社区中华文化习养教育，在生活中普及了部分人文教育。

三、效果：回归了乡里乡情的社区大家庭

1. 茅山社区金都夏宫取得的成绩

因为公益组织良好的运行，截至 2019 年，该社区的人员与组织获得了以下荣誉。2016 年，金都夏宫小区居民胡敏、王永进家庭被评为东湖街道“最美家庭”。乡贤中心志愿者陈凤香、王有芳被评为东湖街道“最美志愿者”。2018 年 1 月 10 日，成为全国教育科学规划“十二五”教育部重点课题“新课

标背景下中小学价值教育的校本化研究”总课题组进行教育校本化、社区化、社会化试验点。2018 年 11 月 23 日，该社区被杭州市文明办评为五星级社区文化家园。2019 年 1 月被评为浙江省级书香社区。从这些荣誉中可以发现，茅山社区金都夏宫互助敬老幸福社区得到了政府、教育部门的支持与认可；在推进敬老公益的过程中也推动了社区的治理与社区文明的提升。

2. 社区邻里互助敬老模式产生的社会影响

社区邻里互助敬老模式在运行中收到老人和社区居民的积极反馈，逐渐形成以下社会影响。

一是新时代传统文化——敬老孝道传承落地样板。中国社会科学院将乡情中心“邻里同心，合力敬老”作为模板进行入户调研，拟在全国推广学习。得到各界领导的关注，参观并莅临指导。成为阿里巴巴等企业员工学习的园地。

二是社区治理理念创新，构建“社区幸福命运共同体”模板。打破人与人之间的普遍陌生感，拉近人与人之间的心理距离，拉近人们彼此之间的关系，促进人与人之间的情感流动和互助互爱，从而可以使得整个社区的人们从精神情感到日常生活建立广泛而自然的连接，成为真正的“幸福命运共同体”。

三是形成生活化的课堂，家门口的公益。让生活在社区里的人们都能随时随地感受到社会文化带来的益处，助人为乐、助老成宝，常态化的公益增进了人们的了解和信任，促进人们之间的思想交流和情感联系。人人参与学习，人人参与公益，在学习中点亮心灯、提高自己，在公益中涵养德行、锻炼自己，让大家在帮助他人、造福社区的过程中，获得幸福感的提升。

3. “雨花 2.0”是社区互助养老模式的创新与实践

党的十九届四中全会提出，要“积极应对人口老龄化，加快建设居家社区机构相协调、医养康养相结合的养老服务体系”。我国推行的养老模式主要为“9073”模式，这一模式最早在“十一五规划”中由上海率先提出，即 90%的老年人由家庭自我照顾，7%享受社区居家养老服务，3%享受机构养老服务。社区养老模式主要有政府购买社会养老服务、商业化养老服务机构养老、社区互助养老三种模式。其中政府购买养老服务多为基础型养老服务，无法有效满足老年人个性化的养老需求，商业化养老服务虽然可以满足老年人的个性化需求，但由于文化背景、价格、距离等多种原因，大多数老人对此种模式十分抵触。社区互助养老模式则以社区为载体，调动多方力量共同参与社区养老，形成共建共享的社区养老氛围。

雨花 2.0 版本的社区邻里互助敬老模式，就是社区互助养老模式的一种创新与实践，整合了整个社区的资源，激活了整个社区的活力。不但让老人在家门口有所养、有所敬，还让老人老有所学、老有所用。同时，该模式也得到了当地政府的认可与支持。

第三节　心灵敬老模式——“雨花3.0”

一、缘起：莫让老人空巢又“空心”，辛苦又“心苦”！

浙江省建德市同心倾听助老服务站副站长陈主任说：“截至2020年，我国空巢老人数量已达1.2亿，老年空巢家庭率已达半数，大中城市达70%。中国父母与子女的平均距离是123千米，老人很少得到子女的陪伴已成为一种社会现象。

与此同时，子女儿孙在陪伴老人的过程中，由于观念的不同、生活习惯差异等因素，在情感沟通上存在许多障碍。儿孙的“新词”老人听不懂，老人的话儿女不愿听，觉得已经过时了，老人积攒了一辈子的人生经验，由不被重视变成被否定，甚至是批评！就这样，老人的话语权越来越弱，甚至自己也认为‘老了，没有用了……’

真的是这样吗？事实上，老人的价值，超乎我们的想象！只是因为我们没有真正走进老人的内心，聆听老人的心声！很多人还不知道，老人在苦苦等待晚辈的聆听，希望在有限的生命里，把无限的心声留给晚辈！

在我们身边，有这样一类传奇的人群。他们生在中华人民共和国成立前，长在红旗下，吃过旧社会的苦，尝过新社会的甜。他们用自己的坚强和智慧，在平凡的岁月里，为国为家做出了不平凡的贡献！他们，是值得我们敬佩爱护的人！他们不仅是高龄的人，而且是高尚的人、高境界的人、高能量的人！是值得我们虚心求教的‘高人’！”

在对老人价值的认可和倾听陪伴下，心灵敬老即“雨花3.0”产生，旨在关爱高龄空巢独居老人，集众之力、互助互爱、倾听陪伴，用生命陪伴生命，助力老人幸福每一天。

二、心灵敬老模式的概况

1. 心灵敬老的宗旨与理念

心灵敬老的宗旨是：倾听陪伴，助老传家。心灵敬老的理念是：老人是宝。

2. 心灵敬老的原则

只有他人，没有自己。只有陪伴，没有分析。只有倾听，没有定义。只有专注，没有判断。只有主动，没有执着。只有抚慰，没有对立。只有奉献，没有所得。只有爱心，没有占有。只有坚忍，没有抱怨。只有感恩，没有指责。

3. 心灵敬老的服务对象

①志愿者以及志愿者的父母、长辈。

②80 岁以上高龄、空巢、独居老人。

③有倾听陪伴需求的其他人群。

4. 心灵敬老的服务内容

听老人讲述人生经历，为老人留下人生回忆，向老人请教人生智慧，助老人提升人生价值，向社会传递优良家风。使相对年轻的志愿者在听老人讲述的过程中思想得到洗礼、精神得到熏陶。针对不同年代的老人还有专门的陪伴话题卡，内容主要涉及老人生长的故乡、祖辈的及自己个人的成就与人生经历。

5. 服务流程

小组分工—初步连接—技术培训—服务准备—预约倾听—倾听陪伴—信息管理—总结提升。还细分了老人来敬老家园吃饭的堂食与去老人家的入户服务流程。

6. 服务规范

服务规范共有 18 条，每一条都考虑到如何让倾听更有效，以老人为中心。比如要对老人心存爱敬，使用合适的称谓去称呼。规范中特别提及：老人是我们的老师，倾听陪伴老人不是教育老人，不是给老人做逻辑分析，不做生理治疗、心理治疗，如老人需要时协助联系亲属或专业医务人员（紧急情况下配合医务人员的指导）；也特别提醒志愿者代表团体而不是个人，如果要和老人建立个人情感，也是要为了“激发老人生命活力”，而不是代替儿女行孝。

三、心灵敬老模式的内涵

1. 以老人为中心

心灵敬老的一个重要内涵，就是“以老人为中心”，实现对老人心灵上的陪伴。“倾听”就是心理陪伴的重要方式，在心理咨询中，倾听是建立咨访关系的重要方法。在雨花陪伴倾听服务站里，志愿者们以老人为中心，无条件地关注、真诚地倾听原本并不熟悉的老人心声。老人的倾诉本身具有宣泄作用，因而它具有一定的心理治疗功能。在倾听老人倾诉的过程中，志愿者和老人们建立起一种相互信任的情感联系，让老人有一种被关注和重视的情感满足。从心灵敬老的宗旨与原则中也可以发现，心灵敬老模式始终以老人为中心，没有评判，只有对老人无条件的接纳与关爱。

2. “老人是宝”的理念践行

俗话说：“家有一老，如有一宝。”但是现实生活中，目前有很多老人并没有得到“宝”一般的对待。存在着“身空”——没有亲人在身旁，也存在着“心空”——身边能倾听陪伴的人少。依据我国引导老年人安享晚年生活“老有所养、老有所依、老有所教、老有所学、老有所为、老有所乐”的“六个老有”标准来看，都还存在很多的困难与问题，详见第八章的论述。

“雨花 3.0”心灵敬老模式，希望通过倾听陪伴，让老人不但不再孤单，还能扬老人之“志”，让老人觉得自己有很大的社会价值。比如，心灵敬老的服务内容是：听老人讲述人生经历，为老人留下人生回忆，向老人请教人生智慧，助老人提升人生价值，向社会传递优良家风。服务规范中特别提及：老人是我们的老师；如果要和老人建立个人情感，也是要为了“激发老人生命活力”。在心理咨询与辅导中，咨询的目的是“助人自助”；在我们的传统中，有“授人以鱼不如授人以渔”之说，这些都说明了助人的较高境界是让一个人的内心有光、有爱，认为自己有能力、有价值、对社会有帮助。当老人拥有了这样的想法之后，自然就会更积极、乐观地去面对生活。

四、效果：在精神层面上实现“老人是宝”

倾听陪伴，即“雨花 3.0”总体上说是“雨花 1.0”“雨花 2.0”的“软件升级”，同心倾听助老服务站于 2019 年正式成立，通过堂食陪伴、入户陪伴的方式，陪伴了上万名老人。该模式不但关注老人的心理健康，也关注了老人的心灵幸福与生命的价值意义。不但让老人感受到倾听陪伴带来的温暖，也让老人珍视与善待自己、让老人觉得自己有社会价值与意义。

第四节　家庭互助机构敬老——“雨花 4.0”

一、缘由：志愿者义工的养老问题

关于家庭互助机构敬老，含山月专项基金主任、雨花行动基金常务总监王爱群说：

家庭互助机构敬老的推出：首先最重要的就是我们雨花老人的需要。雨花公益就是敬老的公益，我们的志愿者在 1.0 的雨花敬老家园里关心呵护着四面八方来用餐的可能并不认识的老人。在2.0的邻里互助社区中，用心动员着未必熟悉的老人彼此互助养老。在3.0的陪伴倾听服务站里，真诚地倾听原本并不熟悉的老人心声。但是，我们的雨花志愿者，70%以上也是老人，八年过去了，老人更老了，年轻人也变成了老人，当他们老到不能动的时候，谁来照顾他们？他们的老由谁来养？那以义工为主要群体的这样的一个大家庭的养老问题怎么解决？只有“家人”们养老的问题解决了，“家人”的心才能安。

然后，我们雨花公益事业一直延续着敬老互助的理念，从来没有变过，从1.0到3.0，变化的只是形式和内容。现在，形式与内容越来越丰富。但是，我们唯独缺少国家确定的三大养老模式当中的机构养老，而这又是我们雨花老人的迫切需求。所以，我们要集全国雨花之力，系统地、集中地进行新的养老模式探索。这也是雨花平台首次正式回馈、正式反哺为雨花事业奉献了多年的义工老人。

接下来就是中国乃至世界养老的需要。大家都知道，我们中国的老龄化速度和老龄人口的绝对规模在全球是遥遥领先的。但是有着几千年“养儿防老”理念的中国老人还是愿意在家里养老。当独生子女成为普遍现象的时候，一对小夫妻要孝养四位老人，这无论如何都是力所不及、分身乏术的，不管儿女有多么孝顺。20世纪五六十年代出生的人，几乎都只有一个孩子，他们老得不能动的时候，谁来养他们的老？目前社会上的机构养老是源自西方的养老模式，很难满足有着固有的传承了几千年“养儿防老”理念的中国老人的养老需求。整个社会也在探索这个问题，比如说比较热门的抱团养老，但是它只能是阶段性的，没有办法代代传承。比如说战友之间的养老，战友之间是志同道合的，但他们的爱人、他们的孩子未必志向相同，等到他们老到不能动的时候，还是要回到机构，所以它是阶段性的。而我们雨花志愿者也渴望抱团养老，不同的是，不仅我们雨花志愿者有着相同的志向，我们的血缘小家庭，包括爸爸、妈妈、儿女还有爱人，以及一些家庭都是认同我们雨花理念的。所以，我们的这种抱团养老是可以代代传承的，是可持续的。这个就是我们要探索的家庭互助养老模式，是4.0版的雨花敬老家园。那么希望我们的探索能分担国家的养老负担，也能为世界养老问题提供中国解决方案，做出我们的一点点贡献。

党中央、国务院高度重视养老服务，一直特别支持养老事业的发展，颁布了一系列的法律法规。2019年4月16日，国务院办公厅颁布了《关于推进养老服务发展的意见》，明确表示大力支持志愿养老、互助养老。我国推行的养老模式主要为“9073”模式，其中7%是机构养老，但是目前由于机构养老经济成本较高，加上受居家养老传统的影响，很多老人不是很愿意住进养老院。

雨花推出的家庭机构合作敬老，是一种可以尝试的新养老方式。

二、家庭互助机构敬老模式的宗旨、理念、目标

1. 家庭互助机构敬老模式的宗旨

家家同心，合力敬老。指的是入住含山月养老院的一个个小家庭之间要同心合力，共同孝敬老人，共同投入资金、人力、心血。

2. 家庭互助机构敬老模式的理念

忠孝两全。养儿为老，是孝，敬老为国，是忠。忠孝两全是中国人几千年以来的追求，但是，有时可能会忠孝难以两全，雨花希望通过该理念的实施，弥补这个遗憾。

3. 家庭互助机构敬老模式的目标

第一，降低老人阿尔茨海默病及失能的发病率，为老人提供身体上的安养。第二，在此基础上，助老人获得尊严和善终，为老人提供灵魂上的安养。

三、含山月养老院概况

以 2021 年 1 月份建成的含山月养老院（如图 3-4 所示）为例，对家庭互助机构敬老模式进行简单介绍。

图 3-4　含山月养老院

1. 舒适的生活环境，适老化硬件设计

杭州建德是全国第一家雨花餐厅的诞生地，含山月养老院也建于此处，这

里依山傍水，空气清新，这里有亭、有桥、有荷塘，老人可以爬山、漫步、打太极，享受天人合一，感受知足常乐。同时，拥有便捷的公路铁路交通和生活条件：有正在建设的寿昌高铁站；房间冬有取暖设备，夏有空调，南北方人群均适宜居住；所有的房间都实现了高标准专业化的装修。养老院的安全保障同样采用适老化设计：公共区域所安装的防滑扶手、铺设的高弹防滑地面材料，有效防止老人跌倒损伤；公共区域的监控系统、活动区域和室内的紧急呼救系统、烟感喷淋系统、数字化门禁系统为老人入住提供了安全保障；卫生间干湿分离，全部实现了适老化设计，还专门为体弱多病的老人设计了助浴间，由专业人员帮助老人洗浴。大厅的效果图如图 3-5 所示。

图 3-5　含山月养老院大厅

①居住方面。整个大楼共八层，一共 16 000 平方米，根据家庭规模的不同设置了四种户型。29 平方米的标间有 87 个；37 平方米的特护间有 4 个；58 平方米可供两代人居住的套房有 7 个；87 平方米可供四代人居住的套房有两个。另外，还为前来探望老人的亲人准备了两个客房。

②饮食方面。含山月提倡低碳健康环保的素食，部分食材就来自含山月旁边的自留地。一层有公共的自助餐厅，另外还配置了两个自助厨房和自助餐厅，便于入住的家庭根据自己的口味动手，还可以招待前来探望的亲人。

③设有 24 小时由专业医生护士值班的医护室，配置中医、西医、牙医，

满足老人日常的医护需求，部分费用可以使用医保卡。

④文化休闲设施方面，每一个老人入住的楼层都设有公共区域，老人可以在这里就餐、阅览、展开休闲活动。设有共享书房、共享餐厅，下雨天老人还可以在地下一层的下沉式庭院展开休闲运动。还有就是每一个楼层都有公共的书房和客厅，老人可以共享。

2. 含山月养老院的软件

小家融入大家，在含山月，老人可以与儿孙相伴，享受邻里之间的互相帮助，机构养老的专业化、集约化也在含山月中充分显现。可以说，含山月融合了居家、社区、机构养老的优势于一身。这里有雨花免费餐厅，有邻里互助养老，有陪伴倾听，拥有集雨花 1.0、2.0、3.0、5.0 于一身的优势。这里可以满足老人的生活照料、养生保健、老年教育、精神慰藉、临终关怀、家族传承、旅居养老等综合需求。这些优势离不开含山月养老院以下 7 个方面的软件条件支持。

①“一家一户，孝子贤孙”。一个房间就是一户人家，老人可以根据自己的喜好布置自己的小家。每一个小家庭把自己的家安在含山月这个道义大家庭里面。整栋大楼就是一个大的家庭，所有人员都是亲人的关系。孝子贤孙是入住的最重要的条件，含山月养老院是如何实现忠孝两全的呢？有的家庭儿女可以陪伴父母一起来养老，有的家庭儿女们要工作、要为国家尽忠、要赚钱，就不能陪伴老人，那怎么办呢？能来陪伴老人的儿孙，不仅养自己家老人的老，还养那些缺少儿孙陪伴的老人的老。那么那些不能来的儿孙以什么方式尽孝呢？外出工作的儿孙可以在赚了钱后把为老人养老的钱拿到大家庭来，让能陪伴老人但不能赚钱的儿孙负责出力养老。简单地说，就是有钱的出钱、有力的出力。另外，含山月的义工和聘请的专业照护人员必须立志成为孝子贤孙，否则没有在这里做义工、做专业的敬老从业人员的资格。所以含山月养老院的第一个软件条件，就是入住的需要是“孝子贤孙”，要有为国尽“忠”、为家尽“孝”的思想认识与实际行动。

②大家庭的协商自治。由各个小家庭推选党员、德高、年高的人组成含山月家风委员会，同时还有家学、家务等专业委员会，来商讨含山月大家庭的决策事项，这就是“自己家的事儿咱们商量着办”。

③共享互助。这个互助，首先是自助，然后是助他。自助是说老人本身是主养人。老人要获得善终，获得晚年的尊严，首先要知道自己的幸福掌握在自己的手里，要不断学习，努力活出有尊严的样子。儿孙义工、专业从业人员是助养人。助养人提升自己的修养，内心获得安乐，才有能力助老安乐。在这里老人同吃、同住、同劳动、同学习。互助共享还有一方面就是生活费的互助共

担，整个安养院的运营成本由入住的家庭分担。如果没有钱，只要是孝子贤孙，就可以用互助金。互助金由含山月入住的家庭根据自己的情况随缘随力地缴纳，有钱则多出，没钱的就不出，凭着自愿的原则来帮助承担养老费用。这个互助金主要用于以下两个方面，一个部分用于资助经济能力不足的入住家庭，另一部分用于含山月模式的复制推广。

④人生学堂。很多人并不知道自己从哪里来、将来要到哪里去，跟宇宙的关系、跟世界的关系、生命当中什么是最重要的，由于对这些本质的不清楚，我们的生命当中才有那么多的问题、那么多苦恼，所以要从本质上解决问题。含山月通过学习课堂帮助所有的入住成员获得内心深处的宁静安详，有尊严地活着，同时也使其学会坦然地面对死亡。

⑤助老传家。为了真正地体现老人是宝贝、老人是师长，含山月通过向老人请教，通过爱与陪伴，用心倾听来记录、学习老人宝贵的人生经验，将这些经验代代承传，帮助老人完成教育下一代的心愿。

⑥临终关怀。善终是五福当中中国老人最在意、最关心的，要为老人在临终前提供身体、心理方面的照料和人文关怀，帮助老人安详、有尊严地离世。

⑦文化之旅。文化之旅由含山月养老院提供全程服务，包括住宿、餐饮、学习。另外，为社会上愿意短期体验家庭互助养老模式的人，提供短期的体验服务。目的就是让社会上更多的人了解这个模式。

3. 入住人员的要求

含山月养老院首先面向无私奉献了多年的雨花志愿者家庭开放。同时含山月也欢迎其他公益志愿者家庭的孝子贤孙带着他们的老人入住。“求忠臣必于孝子之门”，对为民族、国家做出重大贡献的人员家庭也欢迎入住，比如不久前有一位 90 岁的中国科学院的院士申请入住含山月养老（院）。考虑到第一家雨花免费餐厅成立于建德，含山月养老院也在建德，建德当地的五保户也有入住名额。

四、效果：实现了老有善终

由上述内容可以发现，这种模式可以有效地解决当前三个普遍存在的问题。第一，在这里养老满足了老人心理的需求，因为在这里孝养老人的有他们的儿孙，有充满爱心的义工，还有立志成为孝子贤孙的专业照护人员，他们保证了老人晚年获得尊严和善终。第二，入住含山月养老院的小家庭，张家李家的儿孙可能没跟来，但是王家的儿孙跟来了，那王家的儿孙不仅照顾自己老人，还会照顾没跟来儿孙的老人，所以就解决了独生子女分身乏术的问题。含山月高薪聘请专业的照护人员，也解决了一般子女没有专业照顾能力的问题。

第三，关于养老人力资源不足的问题，雨花志愿者团队当中最多的就是健康且充满活力的老人义工，这个是一个规模非常大的养老人力资源。这些义工老人，在照顾其他老人的过程当中，自身也获得了尊重，获得了社会价值。同时，被照顾的老人也获得了更细致、更入微、更体贴的照顾，因为老人更懂老人。

第五节　智慧敬老模式——“雨花 5.0”

一、缘由：空巢老人比例高，居家养老难实现

雨花项目的主要运行者程刚秘书长说：“每种养老都有不同的特点，中国人因为这种传统的文化影响，老人基本上不愿意去老人院机构去养老，子女也不愿意把老人送到养老院。但是因为现在的这种城市化，包括这种城市的经济的发展，子女又往往不在老人身边，老人又不愿意跟子女一起，就出现了大量的空巢老人。

我国推行的养老模式主要为‘9073’模式，90%的老人进行居家养老。但是空巢比越来越高，这样的话居家养老实际上就是一件很难的事情了。另外，每个社区资源配备有限，涉及工作人员也有限，以杭州为例，假如 1 000 位老人配置一位辅导员，很难达到护理专业性与及时性。那么老人的幸福感、对美好生活的这种向往，怎么能满足呢？

我们通过技术手段，可以让这种公益慈善模式最终进入每一个老人的家庭，老人在哪里，智慧敬老就跟到哪里。老人在家里就去家里，在社区就去社区，在养老院就去养老院。总的来说，‘雨花 1.0’在社会，‘雨花 2.0’在社区，‘雨花 3.0’就已经进入家庭了，‘雨花 4.0’在机构，‘雨花 5.0’就是全覆盖。”

很多空巢老人，长期缺少关爱，加之身体机能退化，许多问题随之而来：遇到紧急情况得不到及时救助；吃饭等生活困难得不到及时帮助；生活封闭，缺少互助互信的伙伴，需要主动关爱。当前，处于“人工智能”比较发达的互联网时代，老人的这些需求未尝不能实现。

二、智慧敬老模式概况

该模式探索解决养老服务体系建设存在的信息收集、信息传播不足的问

题，为网络科技大数据化发展积累经验。积极推进为老服务综合信息平台在城市社区全覆盖、在农村地区扩大覆盖，推进信息惠民服务向老年人覆盖，更好地改善老年人的生活状况。以智能设备为载体、凝聚社会多方力量，让老人在遇到紧急情况时能“一呼百应”，为老人提供应急救助、主动关爱和健康服务，建设为老人服务的信息化网络体系、探索多方联动的居家养老新模式。“智慧敬老”既包括互联网时代人工智能的技术运用，也包含着对老人生命智慧的启迪与教育。

1. 智能化敬老实现的途径

服务主要通过“小敬”来实现，“小敬”是暖巢行动的主要成果之一，是对老人进行身体呵护、心理安慰、精神慰藉的智能化产品，目前是带显示屏的智能音箱，以后会不断迭代升级；是敬老的助手，是暖巢行动中“敬老”的重要践行者，是对老人践行“居则致其敬、养则致其乐、病则致其忧、丧则致其哀”的“孝子贤孙”的化身；是“雨花”的化身、形象代表，其主要功能包括：通过科学生命观的教育，消除老人的恐惧、绝望、无助、无奈；是老年人 24 小时在线的生命守护者；是老人的生活百科小秘书；是主动关怀老人的“孝子贤孙”；是连接老人子女、救护、社区、邻里、互助老人、志愿者、警察的助手。“小敬”的三大功能如图 3-6 所示。

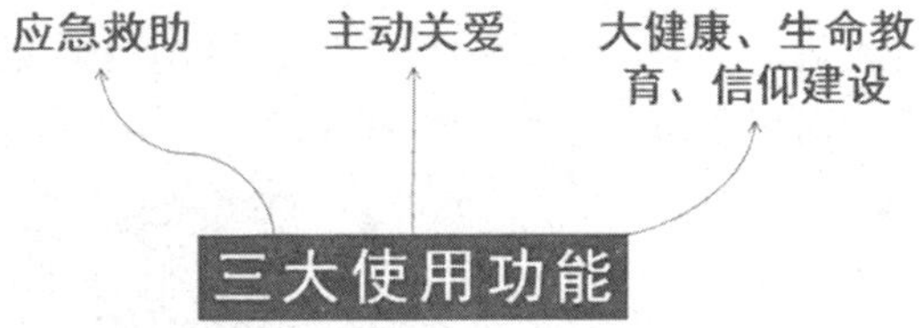

图 3-6　“小敬”智能音箱的三大功能

2. 智能化敬老实现的过程

首先，老人在社区雨花服务站进行注册，通过雨花敬老志愿者完成平台账号开户、家庭信息登记、设备领取、志愿监护人匹配。雨花敬老志愿者负责设备调试，指导老人使用和现场试用，并陪伴老人回家插电使用。具体流程如图 3-7 所示。

服务收费么？
免费的！
服务登记
账号开通
暖巢公益互助平台
匹配监
护人的
小程序
有事儿叫我
志愿监护人（邻居、敬老志愿者）
平时要更好
地关心
爸妈了
老人家属
首先，老人在雨花服务站注册登记，获得智能设备并匹配志愿监护人
老人在社区雨花服务站，在雨花敬老志愿者的帮助下完成平台账号开户、家庭信息登记、设备领取，志愿监护人匹配。雨花敬老志愿者负责设备调试，指导老人使用和现场试用，并陪伴老人回家插电使用。

图 3-7 注册流程

然后，通过以下方式实现应急救助、主动关爱、大健康（生命教育）。

应急救助：老人出现意外情况时，可通过报警装置进行呼救，系统接收报警信号，并定位老人当前的位置，联络志愿监护人为老人提供及时救助，并同步通知老人家属。若无响应，系统开始群推送给社区所有暖巢公益行动志愿者，以及小区物业管理。若情况紧急，平台会呼叫 120。具体流程如图 3-8 所示。

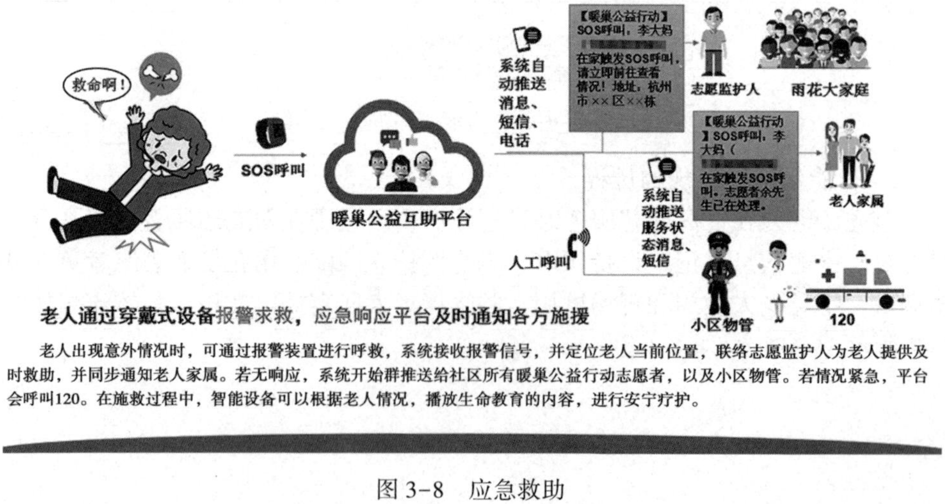
救命啊！
SOS呼叫
暖巢公益互助平台
系统自
动推送
消息、
短信、
电话
【暖巢公益行动】SOS呼叫，李大妈
在家触发SOS呼叫，请立即前往查看情况！地址：杭州市××区××栋
志愿监护人
雨花大家庭
【暖巢公益行动】SOS呼叫，李大妈（
在家触发SOS呼叫，志愿者余先生已在处理。
老人家属
系统自
动推送
服务状
态消息、
短信
人工呼叫
小区物管
120
老人通过穿戴式设备报警求救，应急响应平台及时通知各方施援
老人出现意外情况时，可通过报警装置进行呼救，系统接收报警信号，并定位老人当前位置，联络志愿监护人为老人提供及时救助，并同步通知老人家属。若无响应，系统开始群推送给社区所有暖巢公益行动志愿者，以及小区物管。若情况紧急，平台会呼叫120。在施救过程中，智能设备可以根据老人情况，播放生命教育的内容，进行安宁疗护。

图 3-8 应急救助

主动关爱：系统根据管理员设定，定期或在特定日期，如节日、节气、老人生日，向子女及志愿监护人推送关爱提醒。也可在特定时间点提醒老人吃

饭、睡觉、起床、泡脚等。具体如图 3-9 所示。

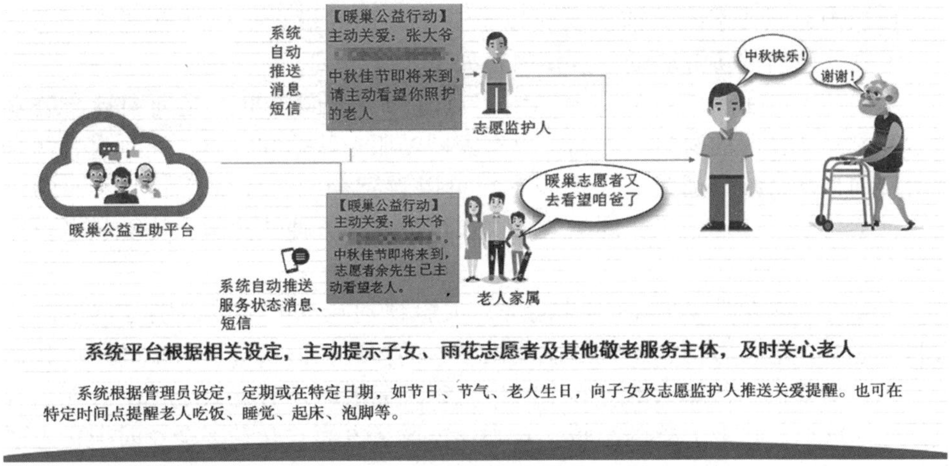

图 3-9　主动关爱

大健康（生命教育）：老人通过智能音箱学习大健康（生命教育）等内容，平台拥有教育内容管理和分发系统，雨花敬老志愿者、老人家属及其他关注雨花行动的人士可通过公众号和小程序接收系统推送的教育内容。具体如图 3-10 所示。

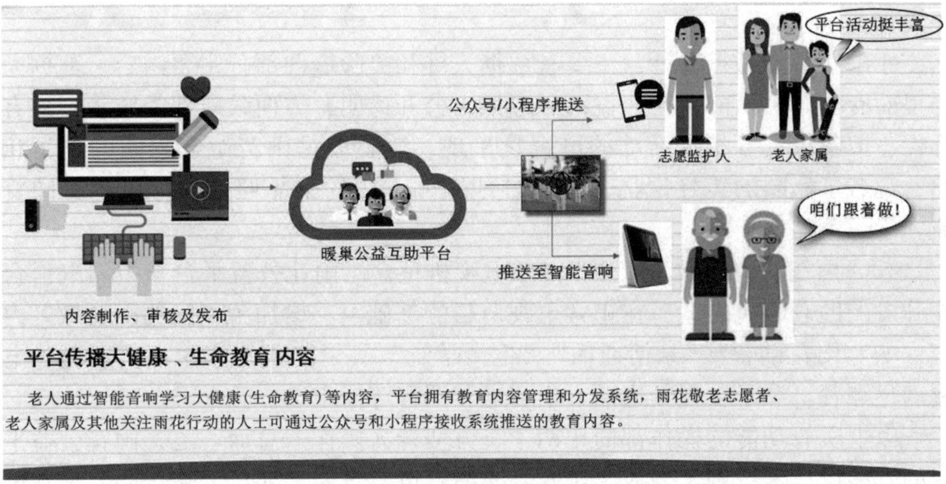

图 3-10　大健康（生命教育）

由上可见，在互联网时代，通过智能化敬老助手“小敬”，实现智能敬老，让紧急情况下的老人能及时得到救援；让空巢的老人时时与外界有所连接；让老人能“终身学习”。

3. 智能化敬老的多方联动

智慧雨花服务系统目前主要有以下五个方面的设计，以实现老人、志愿者、子女、政府的多方联动。具体内容如下。

①雨花家园主页二维码。该二维码对应的“家园主页”是面向社会公众展示家园整体情况的窗口，里面不仅有家园的服务数据和资讯，而且有合法合规的定向捐赠链接。通过一个家园主页可以看到全国其他雨花敬老家园的情况。社会公众、在外地工作的老人子女也可以非常方便快捷地关注到敬老家园的情况。

②“想见就见”人脸识别互动屏。人脸识别互动屏可以识别登记过的老人和志愿者。老人方面，不仅可以测出老人的体温，而且会将采集的服务数据传递到儿女手机、数据大屏等多个端口，识别完成时还有老人子孙的智能语音播报的问候语，让老人感到温暖、安心；志愿者方面，互动屏会及时记录志愿者的公益时数，不断反馈的志愿者时数，让志愿者获得了更多的成就感，同样它也有智能语音问候，让志愿者感觉更加亲切。该设备为安卓系统，后期将支持亲情互动，老人不需要复杂的操作，就可以与使用移动端程序的儿女、志愿者进行互动。

③“雨花敬老”小程序。该程序是专门供志愿者使用的，现有身份认证、送餐记录、菜品上传、报餐统计、亲情谱记录等功能，让敬老家园的服务更加便捷化。

④雨花智能站点设计，主要有数据大屏和笑脸墙两部分主要内容。数据大屏里面有实时公示的雨花公益财务数据，公开透明，方便政府部门监管，还有环保、节约粮食等相关活动的可视化呈现。笑脸墙是雨花敬老家园的集体相册，记载了家园的美好记忆，还有各地家园上传的菜品照片，可供各家园交流、学习菜品。

⑤“雨花·电信敬老家园”iTV 电视机顶盒。雨花公益平台与中国电信合作开发的助老版机顶盒，在正常电视节目的基础上，增加了专门的雨花敬老内容，如“雨花助餐”“亲情通话”“生命学堂”等。老人在家中，可以通过电视满足点餐、和子女视频通话、学习老年课程等需求。

以上所有功能的操作都简单明了，方便老人操作。总而言之，雨花公益平台的智能设计考虑到了老人、子女、志愿者以及政府，能让老人安心、子女放心、志愿者开心，更能让政府宽心。

三、效果：家家智慧敬老，“空巢”变“暖巢”

随着人口老龄化趋势不断加快以及传统家庭功能不断弱化，我国空巢老人数量逐年增长。根据全国老龄办数据，2020 年我国空巢老人数量为 1.18 亿，预计到 2030 年，我国老年人口数量将接近 3 亿，空巢老人家庭比例将达到 90%，这意味着届时会有超过 2 亿的空巢老人。① 空巢老人逐渐成为一个重要的社会问题，包括物质层面问题，如老人无人赡养、身体机能衰弱等；也包括精神层面问题，如对儿女的思念、自身孤独无依无靠、缺乏自我实现感等等。② 雨花的智慧敬老模式针对老人特别是孤独老人的精神层面需求进行功能设计，不但帮助老人融入互联网时代，而且紧急情况可以及时求助；平常可以与家人、志愿者、朋友顺利沟通；还满足了老人终身学习的需求；也让公益组织与社会各界、政府组织产生联动并接受监督。雨花智能敬老产品及信息平台，帮助老人们认识生命本质，认识到与周围的人建立互信的重要性和必要性，为打破其封闭孤独的生活方式提供方法途径，使一个个原本封闭、清冷的空巢，通过智能设备的连接和爱的连接而变得温暖，实现了“空巢”不空、其乐融融的“暖巢”。

养老问题是社会化问题，非任何个人、任何单个组织的力量所能独立承担。“暖巢行动”把政府、社会、家庭、子女等各方面的能动性和老人的切实需求有效整合，探索多方联动的居家养老新模式，建立“邻居、子女+家文化+养老事业+国家支持+伦理道德”的五方联动养老体系。

第六节　本章小结

运行理念单纯、组织架构简单的“雨花 1.0”模式成功实现了“天下有免费的午餐”；社区邻里互助敬老的“雨花 2.0”模式融入了政府引领和社区组织，余杭区茅山社区金都夏宫社区形成了以敬老为核心，以中华传统伦理道德教育为精神支撑，以社区邻里互助为基础的核心运作模式，成功回归了乡里乡情的社区大家庭，取得了良好的社会效应；心灵敬老的“雨花 3.0”模式以老人为中心，提高老人自身的社会价值，在精神上实现“老人是宝”；“雨花 4.0”模式是家庭互助机构敬老模式，含山月养老院作为典范，拥有适老化的硬件设施和和谐互助的软件制度，满足了老人的心理需求，解决了独生子女分

---

① 库敏，周建荣，周巧学，等．社区空巢老人孤独感现状及影响因素分析［J］．全科护理，2021，19（13）：1803-1807.

② 姜嘉和．情感化设计在空巢老人居室设计中的应用研究——以南京某空巢老人居室为例［J］．艺术与设计（理论），2021，2（07）：72-74.

身乏术以及养老人力资源不足的问题，从而实现了“老有善终”；“雨花 5.0”兼具其他模式的优点，以智能设备为载体、凝聚社会多方力量，为老人提供应急救助、主动关爱和健康服务，建设为老人服务的信息化网络体系，是多方联动的居家养老新模式，实现了智能化的“空巢”变“暖巢”。这五种模式是雨花敬老公益结合时代发展的特点和老人现实需求的结果，是我国敬老养老模式的宝贵探索经验。

第四章　敬老公益的“济粮慈善”

民以食为天，吃饭是百姓生存大事。人类在过去数万年之中，从与动物类似的狩猎、采集开始，到农耕社会，再到工业时代，不停地进化、发展。在这个过程中，首要解决的问题还是食物，就是“吃饭”的问题。在中国两千多年的封建社会中，济粮施粥就是普遍存在的慈善现象。古语有云：“志士不饮盗泉之水，廉者不受嗟来之食。”从这里可以看到，吃饭不仅仅是生理需求的满足。如何让用餐者“吃好饭”，吃得安心、吃得开心，也是公益组织需要细致考虑的事情。本章从以下几个方面开展论述：①中国济粮慈善的演变及其对现代公益的启示；②雨花公益敬老组织如何为老人供餐；③雨花敬老公益供餐的缘由与理念。

第一节　中国济粮慈善的演变

一、中国古代济粮公益的演变

1. 周朝“吃饭”问题较为简单，困难时期由公家“贷”粮给百姓

周朝初期实行的是井田制，把方田分为九块，“大率民得其九，公取其一”。王侯收取权力范围之内的“公田”，而百姓们收取自己的劳动所得。在那个时代，人们解决吃饭的问题相对简单。只在青黄不接的初春季节，由公家发放粮食即可。并且，这种粮食发放经常是以“贷”的形式进行的。初春的时候，贷给百姓，秋收的时候，百姓用实物作为偿还。至于利息，通常很低，甚至还有无息的情况。

2. 秦汉朝代出现了经常性、持续性、机制性的济粮活动

在秦汉之后，民国建立之前，由于皇族、贵族以及士大夫阶层的建立，他们拥有大量的土地，而且人口众多。百姓逐渐失去土地，从而有大量的佃户出

现。所谓佃户就是给有土地的人耕种，以换取报酬的农民。

佃户类似于现在的工薪阶层，如果因为疾病或者其他原因不能工作，就不能拿到报酬，家庭因此陷入困顿和饥饿。因此，对这些佃户的救济，就不再是春季借贷这么简单了，必须有经常性、持续性、机制性的济粮活动。这种济粮活动在宋代之前，通常由公家来举行。我们耳熟能详的包公陈州放粮的故事就是公家的救济活动。而在宋代之后，慢慢地，私人的公益慈善开始展开。比如，宋代的范仲淹建立义庄，通过义庄的粮食产出救济贫苦的子弟求学，考取功名。当然，范式义庄还具有一定的血缘性，主要针对的是范家子弟。当时很多的士大夫建立这样的机构，他们有的类似范氏义庄，有的面向所有人。

3. 汉朝之后，宗教组织进行大量的济粮慈善活动

在汉朝之后，由于宗教发达，宗教人士同样进行了大量的济粮慈善活动。比如众所周知的“施粥”。因为国家给宗教，主要是佛教和道教以土地；寺院道观经营这些土地，就可以把剩余的财富、粮食用于救济。同时，接受捐赠，增加资源。在一定程度上，它弥合了社会贫富差距，减少了社会冲突，保证人们在正常的秩序和规定的制度下和平地生活。

4. 民国时期出现了以执行项目为导向的公益组织

中国古代的公益慈善还是围绕着帝王国家来进行的，它的理念也必然适应当时的社会环境。随着清朝的没落，原本的慈善事业也随之受到打击。在民国之后，类似于红十字会这样的公益机构进入我国。原来义庄、善堂这样的机构，由于人才凋零、资源匮乏，逐渐消失。取而代之的是新式的、现代化的慈善机构。民国期间，国家设立赈务处，民间建立基金会以及以执行项目为导向的公益组织。

此外，基督教会在民国之后的慈善事业是值得关注的事情。19 世纪中叶以来，随着西方资本主义的武力入侵，基督教（包括天主教和新教）在一系列不平等条约的庇护下获得不少特权。基督教会积极发展了医疗、赈济等慈善工作。

由上可见，总体而言，尽管慈善之心古今一样，但慈善作为社会行为，它前后是有所差别的。中国在清代以前，慈善的理念和行为还是和封建制度绑定在一起的。这种情况下，公益行为就更多地由国家来进行；而在民国时期就出现了以执行项目为主导的公益组织，公益的主体就不单是国家了，也有了民间力量的参与。济粮慈善的主体就有了变化。

二、济粮慈善的发展变化给当下公益敬老组织带来思考

中国一直是以家庭为基础的社会。在传统家族中，老人们掌握着财富，并

负责把财富分配给家庭成员，他们获得足够的尊重。随着现代社会的到来，年轻人逐渐单飞，各自组成家庭。他们的财富不再集中在父母那里，然后进行再分配，甚至年轻夫妻都是各自管理各自的财富。这就造成了个体的社会模式。家族几乎解体。随之而来的，就是建筑在其上的中国传统文化，尤其是儒家文化，首当其冲地受到了严重的影响。随着传统文化没落，所带来的是人类存在的意义问题。如果不能在某种意义上，重建家庭或者类似家庭的生活模式，那么我们的社会基础可能就会变为以宗教为基础的社会结构。而后者实则是西方的社会结构。

所以在中国所做的关于“吃饭”的慈善必然会牵扯到文化选择的问题。我们的内心是希望能重建中国式的家庭氛围，在这种氛围之下，传统仁义理念能找到载体，焕发生机。

党的十九大报告指出，“经过长期努力，中国特色社会主义进入了新时代，这是我国发展新的历史方位”，“我国社会主要矛盾已经转化为人民日益增长的美好生活需要和不平衡不充分的发展之间的矛盾”。这是自 1981 年以来，有关我国社会主要矛盾表述的首次改变。社会主要矛盾的改变，对处于新时代的现代公益慈善也提出了新的要求。

结合济粮慈善的演变与当代社会主要矛盾的变化，以为老人提供助餐为主的公益敬老组织可以从以下两个方面着手。

1. 给老人新建一个热闹的“家”，而不是让其形只影单的一个人

通过婚姻结两姓之好，繁衍子孙，成立家庭。毋庸置疑，东西方社会都有家庭，但两者是有差别的。东方的家庭通常指的是大家庭，而西方家庭通常是指小家庭。前者包括几代人，而后者只包括父母及未成年的孩子。另外，还有其他形式的家庭，如云南少数民族的走婚制度下的家庭，以及过继孩子的家庭等。

所谓家庭实质而言就是一个“熟人圈”。熟悉的人长期居住在一起，相互抚慰，相互守望，共同生活，就是一种现实意义上的家庭。

现代社会，随着老龄化时代的到来，失去“家庭地位”的老人或者是空巢老人越来越多。他们寄希望于孩子们回来探望，但更多的时候只能自己想办法排解自己的孤单与落寞。现在各大公园、空地上，老年人跳广场舞，就是他们排遣寂寞的方式之一。

所以，如果给老人建一个新的“家”，热热闹闹地，对老人的身心无疑是巨大的安抚。

2. 对老人行孝，而不仅是提供一顿免费的午餐

在古代有“媳妇熬成婆”“老人是宝”之说，老年的到来才是出头之日；

老年人在家里非常有“家庭地位”。但是反观现代的家庭中，一般孙子、孙女才是最有“家庭地位”的人，是家庭的“核心”。随着社会的进步、物质生活的丰富，在老人们吃穿不愁的情况下，让老人感受到家人的孝道，更是老人心里所需要的。这个“孝”让老人感受到温暖、尊重、关爱与被需要，从而实现老人从饱足到幸福的转变。

第二节　雨花敬老公益供餐的方式

2020 年年底，我国如期完成了新时代脱贫攻坚目标任务，在中华民族几千年历史上第一次消除了绝对贫困。2021 年我国已全面建成小康社会，实现了第一个百年奋斗目标，当今，物质生活较为丰富，不存在老人吃不饱饭的问题。在这种情况下，如何让老人愿意来“吃饭”？有谚语说“金屋银屋不如自己的草屋”，对老人更是如此，他们不像年轻人一样容易接受新的事物，更喜欢在自己熟悉的地方生活。但是，为什么每天仍有很多老人会来雨花敬老公益家园呢？其中的部分原因在于雨花敬老公益所采取的以下措施。

一、对老人的“恭”“敬”体现在志愿者的思想上

以浙江省杭州市吴山敬老餐厅为例，从每天的 8：30 开始，当日组长在门口迎接志愿者的到来，见面互相鞠躬问候。特别提一下“鞠躬”，在雨花的组织里，志愿者都是进行 90 度的鞠躬，以表对对方的尊重与恭敬。疫情防控期间，志愿者出示健康码，监测体温，使用消毒液洗手，正确佩戴口罩、手套等防护用具并使用人脸识别系统签到。然后组长为志愿者呈义工服，引导志愿者在圣人孔子像前行鞠躬礼并喊以下口令：“整肃衣冠、端身正意、瞻仰圣容，向中华民族万姓先祖、历代古圣先贤、至圣先师孔老夫子行三鞠躬礼。”通过此仪式，很自然地就培养了志愿者的恭敬之心，中华优秀传统文化的思想与礼仪也在雨花志愿者的身上自然传承。

二、对老人的“恭”“敬”表现在志愿者的言行中

上午 9：00 开始，志愿者在门口简单地向每一位回家的老人鞠躬行礼并说：“欢迎回家。”引导帮助老人使用人脸识别系统打卡并测体温，引领老人按照年龄入座。上午 10：55，主持人带领全体老人诵读“感恩词”；志愿者在

餐台前集合肃立等候开餐。上午 11：00 堂食开餐，老人用餐完毕后，志愿者在门口引导老人，并在电梯口护送老人坐电梯，恭送老人离开。上午12：00，送走老人后，志愿者开始用餐。志愿者按照长幼次序入座，请 60 岁以上的志愿者长辈先入座。年轻的志愿者向 60 岁以上的年长志愿者行鞠躬礼，并感恩说：“各位长辈，你们辛苦了，向你们学习，向你们鞠躬，谢谢！”入座后齐诵“感恩与祈盼”“感恩词”。用餐完毕，光盘行动。

从这个流程可以发现，志愿者们无论是对待来吃饭的老人还是志愿者老人，都非常“恭”与“敬”，让老人觉得自己被关注、受尊重、被敬重。而这种感觉，对老人来说很重要。

三、对老人的“恭”“敬”蕴含在丰富的活动里

在堂食之前，雨花敬老组织为老人安排了各种丰富的活动。上午10：00—10：30，志愿者进入前厅按照《倾听陪伴服务流程规范》倾听、陪伴老人。让老人心里有温暖、苦恼有人说、人生智慧有人听。具体如何倾听与陪伴，详见第三章，心灵敬老模式。10：35—10：50，周一、周二、周六、周日，志愿者陪前厅老人读诵《弟子规》；周三上午，一起学习“礼仪课堂”；周四上午，一起学习“环保课堂”；周五上午，开展老人联欢会；周六下午，开展读书会；每月月末，为老人理发。详见附录一“吴山敬老家园堂食前厅‘一日流程’及时间表”，附录二“吴山敬老家园一周流程活动简介”。

从上可见，这些用餐的安排与志愿者的行动，丰富了老年人的生活，丰富了老年人的人际交往，增长了老人的智慧。老人来到雨花敬老家园心里有温暖、有所学、有所乐。特别是他们会感到被尊敬，成为真正的“长者”。

第三节　雨花敬老公益供餐的特点

从上述内容可以发现，在雨花公益敬老餐厅，老人吃的不仅仅是一顿饭，更是一种家的温暖与自在，一份被尊敬的感觉，一种健康有意义的生活方式。雨花公益敬老餐厅供餐有以下的特点。

一、雨花敬老家园是新时代老人的另一个“家”

雨花敬老家园，无论是硬件设备、家园布置上，还是志愿者对老人的态

度、倾听陪伴的活动项目上，都让来这里用餐的老人有家一般的感觉。自古以来，朝代更迭，但是以家为单位的小组织却从未变过。我们中国更有“华夏一家”之说。雨花敬老公益，正是在精心打造家的氛围与感觉的道路上不断前进。以下是第一次去做倾听陪伴志愿者的真实感受。

我与小组成员于2020年11月22日前往浙江杭州吴山雨花敬老家园进行实地调研兼志愿活动，这次活动带给我的感触十分深刻。在进行实地调研之前，我和小组成员都已查阅了相关资料，对“雨花”有了初步的了解。然而，当我们作为志愿者进入“雨花”时，我们才发现真正的“雨花”不论是用餐环境、志愿者的服务态度还是规模，都超出了我们的预想。

首先感受到的是雨花敬老家园的环境整洁，桌椅摆放整齐，“雨花”餐厅里的每一张桌椅都被整齐地放置着，暖色调的灯也让整个餐厅显得十分温暖，每位志愿工作者脸上都洋溢着暖心的笑容。我想，没有哪位老人会感受不到这犹如家一样的氛围吧。一直到老人用餐结束后，餐厅仍然保持整洁。

墙上挂着的是代表雨花文化的字画，还有孔子画像，使这个餐厅有种安静庄重的氛围。我们刚坐下，有位老人便迫不及待地来分享故事，是关于海伦·凯勒的《假如给我三天光明》，老人一边说一边配上动作，虽然有些字听得不清，大致内容大家都知道，但是大家依然听得很认真。然后我们开始了服务——倾听陪伴，在交谈的过程中我们发现每位老人都有自己的故事，有上过抗美援朝战场的老兵，有邮递员等。

在整个活动过程中，我发现“雨花”志愿者们对老人的服务态度也是犹如对待自家长辈一般。在志愿者与老人们的交谈中，礼貌与尊重被放到了第一位，老人们也很愿意与志愿者们进行谈话。与他们的对话就像家人间的闲谈，没有拘束、没有束缚感，这让独自在家太长时间的爷爷奶奶们的心情得到了放松。我也与一位当年参加抗美援朝的爷爷进行了交谈，他向我讲述了当时抗美援朝时发生在他身上的事情，讲到令人感触的地方，爷爷早已热泪盈眶。

爷爷奶奶们因为子女工作繁忙的原因而长期独自在家，心里有很多想说的话却无法倾诉，所以“雨花”餐厅的出现让他们有了新的倾诉对象，他们的晚年生活也会更丰富一些。

工作人员与义工对老人真诚，他们会设身处地为老人着想。领队在收盘子时会告诉志愿者要等一桌老人都吃完才能收拾碗筷，不能让老人有被催赶的感觉，要让他们在吃饭的时候受到尊重，有回家的感觉。雨花的员工还会去不能来雨花餐厅的老人家中给他们送饭。

雨花大堂向前来吃饭的市民播放弘扬传统文化的视频，在饭前念感恩词与《弟子规》，并通过诵读的形式，弘扬传统文化，向大家传递感恩的思想，让大家了解传统文化，学会感恩。到雨花吃的不仅仅是一顿饭，更是一种文化、一种熏陶、一种优秀传统文化的传承。

而且我们发现，雨花的老人都来得挺早，穿着整洁，遵守餐厅纪律很有秩序。我们还发现老人们都在践行光盘行动，实属难得。

志愿者说：“每一张桌椅都被整齐地放置着，暖色调的灯也让整个餐厅显得十分温暖，每位志愿工作者脸上都洋溢着暖心的笑容，我想，没有哪位老人会感受不到这犹如家一样的氛围吧。”第一次去做倾听陪伴的志愿者对杭州吴山雨花敬老家园有这个感觉，相信第一次来的老人也有同样的感受。

志愿者说：“来雨花敬老家园的老人都挺早的，穿着整洁”，一方面说明老人在家也没有什么事情，另一方面可以说明，老人不是饭点的时候到，而是很早就来雨花敬老家园，来这里一定不仅仅是为了一顿饭，更多的是其他需求的满足。志愿者还说：“有位老人便迫不及待地来分享故事。”“老人们也很愿意与志愿者们进行谈话。与他们的对话就像家人间的闲谈，没有拘束、没有束缚感，这让独自在家太长时间的爷爷奶奶们心情得到了放松。”这说明老人在这里有人说话、谈心，心情轻松愉悦，感受到家庭的温暖。由此可见，雨花敬老家园是新时代下老人的另外一个“家”，如图 4-1 所示。

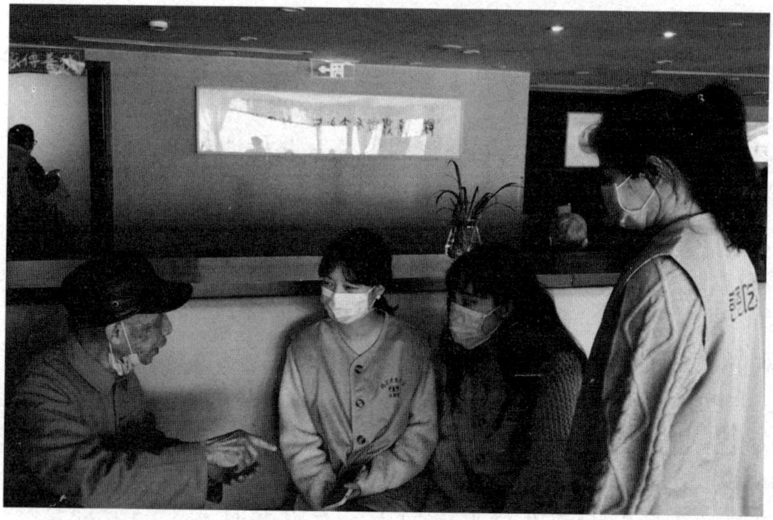

图 4-1　小组成员访谈照片

二、雨花敬老公益让老人感受到传统的“孝道”

孝亲敬老意识的萌发及其文化形成源远流长。据《礼记 · 王制第五》追述，在有虞氏即舜的时代，就已有敬老、养老的习俗。孝亲敬老意识萌发于从母系氏族社会向父系氏族社会过渡初期，历经奴隶社会而后在封建社会早期初步形成比较系统的话语体系。在敬老文化形成的阶段，儒家与道家文化发挥着举足轻重的作用。

从儒家的创始人孔子来说，孔子本人对敬老文化是身体力行。他主张孝是仁的根本，志于礼而行于孝。而《孝经》更是儒家文化体现敬老文化的一大著作，对后世的孝悌观念影响颇为深远。同时，儒家提倡行孝，并劝导人们树立孝悌观念。此后，孟子继承孔子和曾子的孝道思想，主张“事孰为大，事亲为大”。而后，西汉的董仲舒又根据中国传统五行学说论证孝道何以天经地义。宋代朱熹则根据《论语》提出了“仁是孝之本”的观点。儒家思想将敬老文化一直延续下来，经过不断的完善已经形成了较为成熟的思想体系，其在外受强制性礼制的规范，在内则成为人们潜移默化、约定俗成的道德行为，在敬老文化发展史上占有重要的地位。

与儒家敬老相同，道家也提倡敬老。但与儒家所不同的是，道家把孝当作人的自然本性，认为人生而就具有“孝”这种意识。譬如，其创教之作《太平经》中的“六极六竟，孝顺忠诀”就强调了孝道，而在其《太上感应篇》中，又提出了“是道则进，非道则退……忠孝友情，正己化人，矜孤恤寡，敬老怀幼”。在孝道这一问题上，道教也表现出了极大的重视。两种中国传统社会的主流思想都不置可否地重视孝道，可以看出，孝文化在我国古代社会流传之广，研究之深。

敬老也确实已成为人们共同遵守的公德，路途遇到老人，无论认识或不认识，让路给老者，让其先行；平时相见，总是年少者向年长者施礼；宴会上的座席，也是把年长者安排在较尊的位置上；为老人举行庆寿活动，实际也是一种敬老的表现。清代乾隆年间，来华的英国人据他们的见闻，在《英使谒见乾隆纪实》中也记载“在中国，尊重老者已相沿成风”。

反观当下，随着城镇化发展，子女外出务工，老人无人照料；孝亲敬老认识偏差，导致对父母的孝敬较多停留在物质层面，精神层面较少；尊老敬老伦理观念弱化，部分家庭出现了长幼失序的现象，孩子比较以自我为中心，忽视父母的感受。在近几年的社会新闻与实际生活中，经常有成年人啃老，甚至辱骂殴打父母的现象。在雨花敬老家园中，志愿者对老人的态度是“恭”，是“敬”；雨花的重要理念之一就是“老人是宝”。在这里，传统的孝道文化有所回归。

三、雨花敬老组织为老人提供丰富的精神活动

雨花敬老组织满足了老人的多种需求，丰富了老人的精神生活。

从“吴山敬老家园一周流程活动简介”（见附录二）中，可以发现，来雨花敬老家园的老人，不但有人陪伴倾听他的人生故事，还可以学习《弟子规》、礼仪、环保等方面的内容，可以参加老人联欢会，还有人为老人理发。雨花敬老组织满足了老人吃饭等的生理需求、与人交往的需求、被尊重的需求、教育的需求、娱乐的需求。在这样的环境中，老人来吃的不只是一顿饭，还有各种精神的滋养，满足了老人享受美好晚年生活的需求。

在这种环境下的老人，精神风貌确实有所不同。笔者去调研雨花敬老家园的时候，发现有个现象，就是这里的老人都比较干净整洁、满脸慈祥、和颜悦色。原来以为都是家境较好的老人来这里，后来才发现，这里的老人来自社会各个层面的家庭。其中有一位童爷爷更是让我印象深刻。童爷爷在 2020 年时已经 99 岁了，但依然面色红润、慈眉善目。他几乎不识字，有 4 个孩子，自 2016 年 4 月 28 开始来到吴山雨花敬老家园。每天来吴山敬老家园的时候，童爷爷会把其中一个有阳台的房间内的沙发整理一下，然后坐下来“等待用餐”。这是雨花餐厅的日常，童爷爷还会给另一位大他两岁的百岁老奶奶送餐。以下是童爷爷的口述：

“我 99 岁了，听公园里的人说起雨花就找到这里，刚开始不好意思，后来每天来了就习惯了。我有 4 个孩子，老大 72 岁了，也不愿成家，老大在这里吃东西不习惯，就没有来。我来这里比较方便，坐公交车，5 个站就到，我来这里我的孩子也没意见。我在这里比较开心，有人跟你聊天，我不挑食，还能与大家聊聊。有方姐（吴山雨花敬老家园的大家长）照顾，原先人多，曾有七八百人来这里吃饭用餐。在这里朋友多，活动也丰富，心情好。没有到这里的时候，天天生气，对身体不好。”

在雨花敬老家园里的老人们，被恭敬地对待，有人陪伴，还能接受传统文化的熏陶，多种需求得以满足。所以，在这里吃的不只是一顿饭，更是一种心灵的滋养。

第四节　本章小结

以为老人提供免费午餐为主的雨花公益敬老组织虽创立、发展于新时代，但其与中国 2000 年前济粮施粥的慈善仁爱之心并无差异，是对中国优秀传统文化思想的传承与发扬，并根据新时代的特点、老人的需求，进行创新性的传承与转化。通过志愿者对老人思想上、言行里的“恭”与“敬”，通过创办者为老人提供丰富的精神活动，倾听与陪伴老人，让敬老、爱老的优秀传统得以落地生花。通过一顿免费的午餐，让老人有一个新“家”、有一个心灵的港湾，有一个温暖与自在的地方，促使更多的人“老吾老以及人之老”，让千万家庭相连。

第五章　慈善捐赠者动机

《中华人民共和国慈善法》第三十四条规定："本法所称慈善捐赠，是指自然人、法人和非法人组织基于慈善目的，自愿、无偿赠与财产的活动。"从法律的规定来看，慈善捐赠是公民、法人或者非法人组织将自己所拥有的财产自愿无偿地转移给其并不负法定救助义务的组织或者个人的行为。其具有三个特性。第一是自愿性。慈善捐赠是一种道德行为，对慈善捐赠不能采取强制措施和义务导向，不可破坏慈善生态。第二是无偿性，慈善捐赠是无对象的，作为捐赠者的个人或组织与被捐赠的组织与个人不存在利益相关。这个特点与买卖、销售行为形成了鲜明对比，但是这并不意味着捐赠者没有任何的动机和要求。第三是捐赠财物必须用于慈善事业，这构成和一般民事赠与行为的本质区别。

慈善捐赠作为社会资源的第三次分配形式，有利于优化资源配置、调节贫富分化程度、促进社会良性运行与整体和谐，具有市场机制与政府调节无法取代的功能。本章结合原有的慈善捐赠动机研究，采用典型案例方法，分析雨花敬老公益慈善捐赠者的捐赠动机与影响因素，以丰富慈善捐赠的相关研究，助力公益慈善事业的发展。

第一节　慈善捐赠者动机的研究现状

已有的慈善捐赠者动机研究较为丰富，有个人慈善捐赠与企业慈善捐赠的相关研究。具体如下。

一、个人慈善捐赠的研究现状

1. 个人慈善捐赠动机的研究现状

目前，国内外学者对个人慈善捐赠动机展开丰富的研究，个人捐赠行为是在动机作用下产生的，这种动机可概括为外部驱动和内生驱动两个方面，具体如下。

外部驱动主要包括应付动机、成本与效益动机、信息效应动机、社会价值观。应付动机主要指捐赠者是在被要求的情况下被动地实施捐赠，是由于外部压力或者工作需要被动产生的捐赠动机。当捐赠所产生的成本较低时，捐赠就会增加。同时，额外的服务和物质利益等其他和利益有关的因素的出现，也会刺激捐赠行为的发生，成本效益动机由此产生。信息效应即社会信息效应，个人的捐赠行为决策受他人的捐赠行为的影响。信号理论认为，拥有可信信息的一方会采取主动行动，让另一方知道这种信息，从而他的捐赠决策会对其他人发出信号，个人捐赠者为融入社会群，会产生这种从众的捐赠行为。社会价值观也是影响个人捐赠动机的重要因素，且积极的社会价值观会促进慈善捐赠，人民的道德准则越高，社会秩序越公平，捐赠动机越强烈。西方有相当一批学者认为，人们会为了满足社会规范去做一些善行。同时，Tonkiss 等人关注捐赠者在多大程度上受到组织外部表现的影响。① Shang 和 Croson 认为，其他人的捐赠行为对个人的捐赠行为产生正面影响。② 这些研究说明，外部因素对个人捐赠具有影响。

内生驱动因素主要有需求意识动机、声誉动机、利他主义动机、心理利益动机、情感动机。基于马斯洛需求层次理论，捐赠者是有捐赠的需求意识的，这种需求意识越强烈，就越会驱动捐赠动机的增加。利他主义动机尚且没有形成统一的定论。但也有学者认为，个人捐赠纯粹是一种利他行为。心理利益动机简单来说是捐赠行为引起的幸福感，幸福感持续的时间越久，捐赠者的捐赠动机会越强。

国内学者也对个人捐赠动机进行了研究，国内学者的研究主要聚焦在内生驱动因素方面。有回报动机学者认为，对捐赠对象的同情、怜悯会激起捐赠的善行。香港乐施会调查显示，个人实施捐赠行为的动机主要是期待通过捐赠得到社会的关注、获得声望，也就是捐赠者的声誉动机。这也是个人捐赠者捐赠的动机之一，这种回报可能是一种传递情感的方式，也可能是一种情感的释放。捐赠者通过对社会、他人捐赠，满足自己回报他人、回馈社会的愿望。丁美东认为，捐赠者是纯粹的利他主义者，捐赠的本质就是捐赠者的自愿纳税，是为了承担社会责任，促进社会和谐共同发展的一种利他行为。③ 责任与义务

---

① Tonkiss F, Passey A S, et al. Trust and civil society [J]. Contemporary Sociology, 2000 (31): 205.

② Shang J R, Croson. A field experiment in charitable contribution: The impact of social information on the voluntary provision of public goods [J]. Economic Journal, 2009 (119): 540.

③ 丁美东．非营利组织及其价格机制研究 [D]. 南昌：江西财经大学，2003.

动机也影响着捐赠行为。陈敏指出，高校捐赠的行为大多是毕业生借助自己的捐赠回馈母校的教育之恩，表达自己对母校的感激，更多的是认为母校的发展和自己相关联，帮助母校和学弟学妹是一种责任，也是一种义务。[①] 这种捐赠，如同教育者对教育事业捐赠、奥运冠军对体育事业捐赠，他们都认为促进自己的母校或行业的发展是自己的责任，也是自己的义务。同时，在国家遭遇天灾人祸时的捐赠行为，也是捐赠者认为自己作为国家公民的一种责任和义务。还有一种捐赠动机是“榜样”动机。有学者认为，对榜样人物的捐赠是出于对其的崇拜与敬仰，因而产生了捐赠行为。同时，榜样人物的捐赠行为也会对其崇拜者产生影响，继而促进其追随者跟随榜样，发生捐赠行为。总结来看，国内学者的研究分为六种动机，包括同情动机、声誉动机、回报动机、利他动机、责任与义务动机、榜样动机。

从上述可以发现，国内外学者将慈善捐赠动机大致分为外部驱动和内生驱动两个方面。慈善捐赠的种类比较多，在此方面，国内外研究结果有些是相同的，比如回报动机、利他动机、声誉动机。国外的动机研究相对于国内的更丰富一些，对捐赠者的心理动机分析也比较多，比如认为捐赠者存在一定的捐赠需求意识；心理利益动机即捐赠的幸福感、情感动机，即捐赠者的同情心被唤起；效力动机即为融入社会群体所产生的从众行为。高静华在《人性情感与制度文化：国外慈善捐赠动机研究综述与启示》中将慈善捐款的动机大致分为四个维度：利己与利他的人性维度、同情与内疚的情感维度、公平与正义的制度维度、宗教与伦理的文化维度。从四个维度归纳出慈善捐款动机，不但将影响慈善捐赠的个人因素与外在因素进行提炼概括，还考虑了文化，特别是宗教与伦理的影响。[②]

2. 个人慈善捐赠的影响因素

蔡燕青利用效用最大化理论，构建个人慈善捐赠的经济学模型，从经济学模型的角度出发，推导出影响个人慈善的三大要素：收入要素、成本要素及效用要素。[③] 苏媛媛、石国亮利用抽样数据调查，做回归分析得出结论，居民的慈善认知、利他主义观念、税收减免、居民对慈善组织的关注等因素会影响到人们对慈善组织的捐赠；利他主义观念、税收减免、对慈善组织的关注、普遍

---

① 陈敏．关于针对我国高等学校进行捐赠的动机分析［J］．中国科技信息，2008（02）：159，164.

② 高静华．人性情感与制度文化：国外慈善捐赠动机研究综述与启示［J］．社会政策研究，2019，15（02）：73-86.

③ 蔡燕青．中国大陆个人慈善捐赠的影响因素研究［D］．北京：中国政法大学，2011.

信任程度、捐赠后是否获得收据和信息反馈等会影响到居民的自愿捐赠。[①] 谢丽进行了社会网络对大学生网络慈善捐赠意愿影响的研究，得出了以下结论：个人的社会网络规模越大，参与社会组织的积极性越高，并且在网络上与他人的互动交流越频繁，进行慈善捐赠的意愿就越强烈。[②] 高静华认为个人捐赠是受多重因素综合影响的结果。

国外学者 Einolf 对个人捐赠的影响因素也有丰富的研究。性别因素是个人捐赠行为中的重要影响因素，女性在亲社会特征和道德义务意识方面得分高于男性。[③] Boskin 认为税收制度与个人捐赠行为休戚相关，一个国家的税收制度，包括慈善捐赠的减免税制度会影响富豪利用捐赠合理避税，也会影响个人的日常捐赠行为。[④] Reinstein 等"渴望被别人喜欢和尊重"的形象动机已经得到了研究者的关注，人们在社交场合被观察或注意时，会表现得更慷慨，当别人可以看到人们的善行时，人们更倾向于利他主义。[⑤] 不过在利用实验室和田野实验研究衡量形象动机对慈善捐赠和其他形式亲社会行为的影响时，现有的研究结果并不一致。一些研究发现，形象动机是促成亲社会行为的有力工具，另一些研究，如 Mason 的研究则发现形象动机不是所有人的有效工具，还受到其他干预变量的影响，如社会经济地位、种族、宗教或文化等，因为不同人群对形象激励的反应可能不同。[⑥] 另外，Bekkers 等认为，社会激励越强，越会增加捐赠金钱和奉献时间的意愿，受教育程度更高、更有同情心的受访者更倾向于进行捐赠和志愿服务。[⑦] 还有价值观对慈善捐赠动机的影响。特定的价值观和信仰与捐赠行为或亲社会行为之间存在联系。Wilson 等在研究中发现了一种"仁慈文化"，这种文化产生的态度和价值观支持帮助行为的发生。[⑧]

---

① 苏媛媛，石国亮. 居民慈善捐赠影响因素分析——基于全国五大城市的调查分析［J］. 社会科学研究，2014（3）：111-115.

② 谢丽. 社会网络对大学生网络慈善捐赠意愿影响研究［D］. 武汉：华中师范大学，2020.

③ Einolf Christopher J. Gender differences in the correlates of volunteering and charitable giving［J］. Nonprofit and Voluntary Sector Quarterly，2011，40（06）：1092-1112.

④ Boskin Michael J. Estate taxation and charitable quests［J］. Journal of Public Economics，1976，5（1-2）：27-56.

⑤ Reinstein，David，Gerhal Riener. Reputation and influence in charitable giving：An experiment［J］. Theory and Decision，2012，72（2）：221-243.

⑥ Mason Dyana P. Recognition and cross-cultural communications as motivators for charitable giving：A field experiment［J］. Nonprofit and Voluntary Sector Quarterly，2016，45（01）：192-204.

⑦ Bekkers，René. Who gives what and when? A scenario study of intentions to give time and money［J］. Social Science Research，2010，39（03）：369-381.

⑧ Wilson，John，Marc Musick. Who cares? Toward an integrated Theory of volunteer work［J］. American Sociological Review，1997，62（05）：694-713.

此外，志愿者和非志愿者在亲社会价值观方面也存在巨大差异，亲社会价值取向可以解释为什么女性和宗教人士更有可能参与捐赠和志愿服务。此外，Bekkers 等认为，后物质主义的价值观念与志愿服务和慈善捐赠有积极联系，受过高等教育的人更愿意捐赠和提供志愿服务，慈善行为在某种程度上是他们自我表达与彰显个人自由的有效途径。① 社会网络对慈善捐赠动机的影响方面。Axelrod 等人研究发现，亲戚或朋友要求捐赠人捐赠的金额占的比例更大，这种影响在一定程度上是出于个人利益，因为捐赠人认为，朋友比陌生人更有可能给予回报，他们希望在未来获得同样的帮助。捐赠人与亲友之间的反复互动创造了通过期望来鼓励帮助者的动力。②

从上述可知，慈善捐赠行为的产生是各种因素综合作用的结果，既包含个体自身的心理需要，也受外界各种因素的影响。

二、企业慈善捐赠的研究现状

在公司慈善捐赠这一研究领域，已有较多学者开展了研究，主要从以下两个方面开展论述：公司慈善捐赠的动机和慈善捐赠的影响因素。动机是行为推进的动力，公司慈善捐赠也有其内在的驱动力，促使其慈善行为的启动。公司慈善捐赠行为能否启动，以及启动后其捐赠的数量多少与捐赠的方式，又受各种因素的影响，如公司的特点规模、公司管理者的价值取向、当时社会的环境以及各种文化的影响。

1. 公司慈善捐赠动机方面的已有研究

本书引用陈思明的归纳，将国内外学者研究的公司慈善捐赠动机分为伤害保护动机、政治动机、战略慈善观、利他动机和管理层自利动机。③

伤害保护动机，即公司为了缓解外部伤害而进行慈善行为。Godfrey 认为，企业慈善可以在社区和利益相关者之间产生积极的道德资本，这种道德资本可以为股东提供保险，弥补公司在生产经营中可能出现的损害相关利益者的行

① Bekkers, René. Participation in voluntary associations: Relations with resources, personality, and political values [J]. Political Psychology, 2005, 26 (3): 439-454; Bekkers, René. Traditional and health-related philanthropy: The role of resources and personality [J]. Social Psychology quarterly, 2006, 69 (4): 349-366.

② Axelrod, Robert, et al. The evolution of cooperation [J]. Science, 1981, 211 (4489): 1390-1396; Cialdini, Robert B, et al. Reinterpreting the empathy-altruism relationship: When one into one equals oneness [J]. Journal of Personality and Social Psychology, 1997, 73 (3): 481.

③ 陈思明. 企业慈善捐赠的动机分析 [D]. 广州：广东财经大学，2016.

为，使得不满的利益相关者对公司的伤害降到最低，有利于保护股东的财富。[①] Koehn 和 Ueng 认为，企业慈善行为的动机是为了购买善意，在负面事件出现的时候，能分散社会公众的注意力，使得社会公众对企业产生善意的理解，从而挽回企业因负面事件丢失的形象和声誉。[②]

政治动机，即公司从事慈善活动是为了获得政府支持或政治关系。Burt 认为企业从事慈善活动是为了从政府处获得某种支持和保护。[③] Hagan 和 Harvey 认为当地一些处于垄断行业的公司可以通过慈善捐赠行为继续获取高额垄断利润，或者以此来向政府申请一些政府补贴或其他好处。[④] Gao、Faff 和 Navissi 发现企业社会责任和企业绩效之间存在关系，企业参与慈善的行为可以视为与地方政府建立某种关系，缓解企业融资约束。[⑤] 王宇光、潘越和黄丽认为和无慈善捐赠的公司相比，有慈善行为的公司能融到更大债务规模、期限结构更长的融资，慈善的金额增长对企业融资约束的缓解力度更大。[⑥] 彭镇、戴亦一也认为慈善捐赠行为能简单地降低企业的融资约束程度。[⑦] 张敏、马黎珺、张雯认为，企业的慈善捐赠具有明显的政企纽带效应，企业的慈善捐赠越多，它们从政府手中获得的补贴收入也越多，并且国有企业中慈善捐赠的政企纽带效应更明显。[⑧] 薛爽、肖星从地震后的捐赠行为发现，民营企业利用慈善捐赠行为来强化其与政府的政治关联，从而得到更多的政府支持，比如贷款利率上的优惠等。[⑨] 具有政治关联的民营企业更倾向于在地震后进行捐赠。从经济后果看，捐赠后捐赠民营企业在获得银行贷款和税收方面比未捐赠企业获得了更多的优惠。从上述已有研究可以发现，在现阶段中国，民营企业的捐赠行为是策

---

① Godfrey P C. The Relationship between Corporate Philanthropy and Shareholder Wealth: A Risk Management Perspective [J]. Academy of Management Review, 2005 (30): 777-798.

② Koehn D, J. Ueng. Is Philanthropy Being Used by Corporate Wrongdoers to Buy Good Will? [J]. Journal of Management & Governance, 2005 (14): 1-16.

③ Burt R S. Corporate Profits and Cooptation: Networks of Market Constraints and Directorate Ties in the American Economy [M]. New York: Academic Press, 1983.

④ Hagan, Harvey. Why do Companies Sponsor Arts Events? Some Evidence and a Proposed Classification [J]. Journal of Cultural Economics, 2000, 24 (20): 205-224.

⑤ Gao F, Faff R, Navissi F. Corporate Philanthropy: Insights from the 2008 Wenchuan Earthquake in China [J]. Pacific-Basin Finance Journal, 2012, 20 (3): 363-377.

⑥ 王宇光，潘越，黄丽．企业慈善捐赠：公益付出还是另有所图——基于上市公司融资样本的实证研究 [J]．财贸研究，2016 (01)：133-140.

⑦ 彭镇，戴亦一．企业慈善捐赠与融资约束 [J]．当代财经，2015 (04)：76-84.

⑧ 张敏，马黎珺，张雯．企业慈善捐赠的政企纽带效应——基于我国上市公司的经验证据 [J]．管理世界，2013 (07)：163-171.

⑨ 薛爽，肖星．捐赠：民营企业强化政治关联的手段 [J]．财经研究，2011，37 (11)：102-112.

略性的，其利用捐赠巩固政治关联，从而进一步获得政府的支持。张建君的研究也表明，通过慈善捐赠和参与公益事业是私营企业取悦政府，获得政治关系和政府奖励回报的途径之一。[①]

战略慈善观，这种观点认为慈善捐赠本质上是一种管理策略。即便慈善捐赠行为不一定可以获得回报，但是可以给企业带来许多无形的战略资产，如信任[②]、声誉资产[③]、公司所处的竞争环境的改善等[④]。山立威、甘犁、郑涛通过对汶川地震后的上市A股公司捐款数据的实证研究，发现公司捐赠行为会给企业带来声誉，可以借此获取广告效应，从而取得经济上的收益。[⑤] 方军雄通过研究发现，我国上市公司的捐赠体现了经济理性，包含了经理人提升企业价值的经济动机。[⑥]

利他动机，这种动机认为企业的慈善行为是利他的。Campbell等发现有过慈善捐赠的公司将它们的动因归因于不求回报、承担社会责任的利他动机。[⑦] Sharfman认为企业捐赠的动机是无偿地帮助他人或者社会，目的并不是获得其他方面的利益。[⑧] Andreoni的研究表明，尽管企业慈善捐赠是为了赢得公众的赞扬，但是这是被企业潜在的利他主义动机驱使的。[⑨]

管理层自利动机，即公司捐赠行为是管理层为了获得自身的利益而进行的。Atkinson和Galaskiewicz都认为企业是否进行慈善捐赠是由决策者决定的，而决策者决定实施捐赠的动机是为了提升自身的形象和社会地位，从而更好地

---

① 张建君．竞争—承诺—服从：中国企业慈善捐款的动机［J］．管理世界，2013（09）：118-130.

② Frank R H. Can Socially Responsible Firms Survive in a Competitive Environment?［M］. New York：Russell Sage Foundation，1996.

③ Turban D B，Greening D W. Corporate Social Performance and Organizational Attractiveness to Prospective Employees［J］. Academy of Management Journal，1997（40）：658-672.

④ Porter M E，Kramer M R. The Competitive Advantage of Corporate Philanthropy［J］. Harvard Business Review，2002（80）：57-68.

⑤ 山立威，甘犁，郑涛．公司捐款与经济动机——汶川地震后中国上市公司捐款的实证研究［J］．经济研究，2008，43（10）：51-62.

⑥ 方军雄．捐赠，赢得市场掌声吗？［J］．经济管理，2009（7）：172-176.

⑦ Campbell L，Gulas C S，T. S. Gruca. Corporate Giving Behavior and Decision-Maker Social Consciousness［J］. Journal of Business Ethics，1999（19）：375-383.

⑧ Sharfman M. Changing Institutional Rules：The Evolution of Corporate Philanthropy［J］. Business & Society，1994，33（3）：236-269.

⑨ Andreoni G J. Impure Altruism and Donations to Public Goods：A Theory of Warm-glow Giving［J］. The Economic Journal，1990（100）：464-477.

为自己的职业生涯铺路。[①] Barnett 开发了利益相关者影响能力的结构，认为企业的慈善捐赠行为能够提高管理人员的社会形象和地位，有利于他们职业的发展。[②]

综上所述，国内外学者对企业慈善捐赠的动机研究已经较为完善，其中，出于伤害保险动机、经济动机、政治动机的三种动机较个人捐赠有较大的差别，这里体现出企业特有的性质。

2. 企业慈善捐赠影响因素的相关研究

目前，国内外学者对企业慈善捐赠影响因素进行了深入研究，主要认为有以下几个方面在影响企业捐赠。

（1）企业特征

①企业规模。国外的一些学者均认为，公司规模的大小和公司慈善捐赠数额的多少存在显著正向关系，即公司规模越大则其捐款数额就越多。[③] 国内学者中，山立威、甘犁和郑涛也认为，规模越大的公司捐赠的绝对数量越多，企业会根据自身的特点合理地选择捐赠策略。[④]

②企业的财务绩效。在财务绩效与捐赠的关系上，理论界的观点并不一致。Ullmann[⑤]、Roberts 等人的研究结果都支持公司的财务业绩与公司慈善捐赠数额成正相关关系，即公司的财务业绩越好，捐赠数额就越多。[⑥] 田利华、陈晓东也认为公司财务绩效和捐赠数额之间呈正相关。[⑦] 但是，陈宏辉、王鹏飞认为受中国传统文化影响的企业，有其一定的特殊性，企业的慈善行为往往带有民族情感，是一种情感价值驱动的自发行为，这种行为是非理性的，所以

---

① Atkinson L, J Galaskiewicz. Stock Ownership and Company Contributions to Charity [J]. Administrative Science Quarterly, 1988, 33 (1): 82-100; Galaskiewicz J. An Urban Grants Economy Revisited: Corporate Charitable Contributions in the Twin Cities [J]. Administrative Science Quarterly, 1997, 42 (3): 445-471.

② Barnett M L. Stakeholder influence capacity and the variability of financial returns to corporate social responsibility [J]. Academy of Management Review, 2007, 32 (3): 794-816.

③ Boatsman J R, Gupta. Taxes and corporate charity: Empirical evidence from micro level panel data [J]. National Tax Journal, 1996, 49 (2): 193-213; Brammer S, Millington A. Corporate Reputation and Philanthropy: An Empirical Analysis [J]. Journal of Business Ethics, 2005 (61): 9-44.

④ 山立威，甘犁，郑涛．公司捐款与经济动机——汶川地震后中国上市公司捐款的实证研究[J]．经济研究，2008，43（10）：51-62.

⑤ Ullmann A A. Data in Search of a Theory: A Critical Examination of the Relationships among Social Performance, Social Disclosure and Economic Performance of U. S. Firms [J]. Academy of Management Review, 1985, 10 (3): 540-557.

⑥ Roberts R W. Determinants of Corporate Social Responsibility Disclosure: An Application of Stake-holder Theory [J]. Organizations and Society, 1992, 17 (6): 595-612.

⑦ 田利华，陈晓东．企业策略性捐赠行为研究：慈善投入的视角［J］．中央财经大学学报，2007（02）：58-63.

企业的财务绩效等指标对企业是否捐赠以及捐赠多少没有影响。①

③企业的研发投入。高勇强、陈亚静、张云均认为，在产品责任即研发投入方面表现好的企业，为了树立良好的社会形象，从而实现产品的差异化，会加大公司慈善捐赠的数额。②

④行业性质。Useem 认为相比较其他行业，与公众接触较多的行业的慈善捐赠数额要多一些。③

（2）政府行为

Boatsman 和 Gupta 利用面板数据进行实证分析，认为税收是影响企业慈善捐赠行为的重要因素。税收优惠越大，企业越乐于实施捐赠。④ 国内学者也有类似的研究，张传良指出，国内企业倾向于在有政府动员的外部驱动力下进行捐赠活动，而跨国企业则因为与税收优惠相关的捐赠政策而实施捐赠。⑤ 郭剑花认为，国有企业的捐赠行为相比较民营企业来说会更多地受到政府行为的影响，具有“摊派”的性质。⑥

（3）管理者特征

①高管性别。Wang 和 Coffey 的研究表明公司董事会成员中的女性占比会提高公司参加社会责任活动的水平。⑦ 国内学者杜兴强、冯文滔的研究结果发现，女性高管占比越高的公司，慈善捐赠的数额越多。⑧

②高管的政治联系。高管的政治联系是中国企业特有的性质，因此相关研究主要集中在国内。高勇强、何晓斌、李路路的研究表明，高管的政治联系尤其是人大代表、政协委员这类的政治联系对于企业捐赠行为有显著的正向影

---

① 陈宏辉，王鹏飞．企业慈善捐赠行为影响因素的实证分析——以广东省民营企业为例［J］．当代经济管理，2010，32（8）：17-24.

② 高勇强，陈亚静，张云均．“红领巾”还是“绿领巾”：民营企业慈善捐赠动机研究［J］．管理世界，2012（08）：106-114，146.

③ Useem M. Market and institutional forces incorporate contributions［J］. California Management Review，1988，30（2）：77-88.

④ Boatsman J R，Gupta. Taxes and corporate charity：Empirical evidence from micro-level panel data［J］. National Tax Journal，1996，49（2）：193-213.

⑤ 张传良．中外企业慈善捐赠状况对比调查［J］．中国企业家，2005（17）：28-30.

⑥ 郭剑花．中国企业的捐赠：自愿抑或摊派?：基于中国上市公司的经验证据［J］．财经研究，2012，38（8）：49-59.

⑦ Wang J，B S Coffey. Board Composition and Corporate Philanthropy［J］. Journal of Business Ethics，1992，11（10）：771-778.

⑧ 杜兴强，冯文滔．女性高管、制度环境与慈善捐赠：基于中国资本市场的经验证据［J］．经济管理，2012，34（11）：53-63.

响。① 杜兴强、郭剑花、雷宇认为，民营上市公司的代表委员类政治联系对捐赠金额存在显著的正向影响，但政府官员类政治联系对捐赠金额则没有显著的影响。② 贾明、张喆也认为企业高层管理者的政治联系对于企业的慈善捐赠的数量有显著的正向影响。③

（4）儒家文化的影响

儒家文化是中国的传统文化，国内外学者都认为文化是影响企业慈善捐赠的因素。中国主要受儒家文化的影响，翁若宇基于中国情境的视角指出儒家文化氛围浓厚地区企业的慈善捐赠积极性更高，并通过了稳健性检验。同时，进一步研究发现，相对于国有企业而言，儒家文化对企业慈善行为的影响在非国有企业中表现得更为突出。并且，较高的企业国际市场参与度和地区国际化程度，会削弱儒家文化对企业慈善的促进作用。另外，在没有海外经历或者童年时期在“文革”以前的董事长所在企业中，儒家文化对于企业慈善的影响更加显著。④

三、慈善捐赠动机的分类

慈善捐赠动机的三分法和四分法也非常流行。例如，四分法的代表性观点是：慈善捐赠动机包括互惠动机、自我尊重的动机、减税动机、职业提升的动机四种类型。⑤ 三分法的代表性观点是：慈善捐赠动机包括利他主义、社会规范和情境因素。⑥

国内学者也对慈善捐赠动机做了区分。高静华将慈善捐赠动机分为四种维度和类型。⑦ 一是利他动机、利己动机、避害动机。利他动机起源于爱人之心和同情心；利己动机起源于自爱心和自尊心；避害动机起源于避免自恨心、内

---

① 高勇强，何晓斌，李路路．民营企业家社会身份、经济条件与企业慈善捐赠［J］．经济研究，2011（12）：111-123.

② 杜兴强，郭剑花，雷宇．政治联系方式与民营企业捐赠：度量方法与经验证据［J］．财贸研究，2010（01）：89-99.

③ 贾明，张喆．高管的政治关联影响公司慈善行为吗？［J］．管理世界，2010（04）：99-113，187.

④ 翁若宇．企业慈善捐赠动机与效应研究——基于中国情境的视角［D］．厦门：厦门大学，2018.

⑤ Dawson，Scott. Four motivations for charitable giving：Implications for ma marketing strategy to attract monetary donations for medical research［J］. Marketing Health Services，1988，8（2）：31.

⑥ Radley，Alan，Marie Kennedy. Charitable giving by individuals：A study of attitudes and practice［J］. Human relations，1995，48（6）：685-709.

⑦ 高静华．人性情感与制度文化：国外慈善捐赠动机研究综述与启示［J］．社会政策研究，2019（02）：73-86.

疚感和罪恶感。其中，利他动机是最纯粹的动机。二是表达性动机与工具性动机。表达性动机是由移情、同情、怜悯、内疚等情感引发的动机；工具性动机是捐赠人或志愿者为了通过捐赠和志愿服务获得政治经济利益，提升职业技能、增加入学机会、改善社会形象、提高自我声誉等的动机。三是宗教动机与世俗动机。宗教动机是通过慈善捐赠获得内心救赎引发的动机，与宗教信仰和宗教组织密切相关；世俗动机是为了获得政治地位、经济利益、社会声誉等进行捐赠的动机，与工具性动机类似。四是社会动机与经济动机。社会动机包括怜悯、同情引发的动机，以及为了社会正义进行慈善捐赠的动机；经济动机包括获得经济利益或减少经济损失引发的动机，如为避税而进行遗产捐赠的动机。

四、文献评述

从上述文献研究可以看出，国内外对慈善动机方面的研究较为丰富，本书从个人慈善捐赠的动机和影响因素以及企业慈善捐赠的动机与影响因素进行总结，将动机和影响因素分别分为外部和内部两个方面，具体如表 5-1、表 5-2 所示。通过文献梳理可以发现国内外学者普遍认为，慈善动机可以分为四个方面：利己与利他方面、情感需求方面、宗教与伦理方面、社会与经济方面。另外，中国由于受儒家文化的影响，儒家文化氛围浓厚地区企业的慈善捐赠积极性更高。慈善捐赠，是指自然人、法人和非法人组织基于慈善目的，自愿、无偿赠与财产的活动。无论是其刹那的决定还是深思熟虑的结果，其动机都不会是一成不变的，应有一个动态的过程，但对此过程的研究与探讨较少；另外慈善捐赠与参与志愿服务的关系如何，哪种慈善捐赠的目的、慈善捐赠的行为持续更久等问题的研究也有些欠缺。雨花敬老公益作为当前背景下的一种新型的敬老组织，里面有很多慈善捐赠者，同时也是该组织的志愿者，有些是终生以公益敬老为自己的事业。因此，雨花敬老组织慈善捐赠者的动机值得我们去探究。接下来，本书将以访谈的形式，对有代表性的发起人进行采访，将他们参与雨花敬老公益和坚持公益服务的缘由进行梳理与分析，更立体丰富地了解捐赠行为的动机。

表 5-1　个人与企业慈善捐赠动机类型

	动机分类	动机类型
个人慈善捐赠	外部驱动	应付动机
		成本与效益动机
		信息效应动机
		社会价值观
		榜样动机
	内部驱动	需求意识动机
		声誉动机
		利他主义动机
		心理利益动机
		情感动机
		回报动机
		责任与义务动机
企业慈善捐赠	外部驱动	伤害保护动机
		政治动机
	内部驱动	管理层自利动机
		战略慈善观
		利他动机

表 5-2　个人与企业慈善捐赠影响因素

	要素类别	影响因素
个人慈善捐赠	外部因素	税收制度
		社会激励
		社会网络规模
		价值观
		收入要素
		成本要素
		效用要素
	内部因素	性别
		形象声誉
		慈善认知
		利他主义观念
		对慈善组织的关注

续表

	要素类别	影响因素
企业慈善捐赠	外部因素	文化影响
		政府行为
	内部因素	高管政治联系
		高管性别
		企业规模
		企业研发投入
		企业财务绩效
		行业性质

第二节　雨花慈善捐赠者的动机

通过对企业慈善捐赠与个人慈善捐赠的文献梳理发现，对慈善捐赠的动机、影响因素及其类别都已有一定的研究，雨花公益敬老组织作为一种出现不久的民非组织，其捐赠者的捐赠动机与已有的动机研究是否存在不同？通过对雨花公益敬老捐赠者的访谈发现，雨花公益敬老组织引起捐赠行为受到以下几个方面的影响，一是传统文化的影响：希望弘扬传统文化，二是行善的需求：只想做善事、不想自己变坏；三是积极情感的体验：做志愿服务感到快乐；四是信仰的践行需求：心灵的解脱。而且这几个方面并不是单一的、静态的，而是有交叉的、动态的，从几位有代表性的发起人的访谈中可以发现。

一、传统文化的影响：希望弘扬传统文化

在慈善捐赠研究方面，中西方一个重要的区别就是，中国的慈善捐赠受传统的儒家文化影响，翁若宇在其博士论文《企业慈善捐赠动机与效应研究——基于中国情境的视角》中指出儒家文化氛围浓厚地区企业的慈善捐赠积极性更高。[①] 雨花项目主要运行者程秘书长，1978 年出生在北京，毕业于复

① 翁若宇. 企业慈善捐赠动机与效应研究——基于中国情境的视角［D］. 厦门：厦门大学：2018.

旦大学，曾经从业于企业投资领域，不但对雨花公益敬老进行资金捐助，现在还全身心地投入雨花公益敬老平台。他参与雨花公益敬老的最初缘由就是因为学习了传统书籍《了凡四训》，觉得雨花公益敬老是儒家传统文化的部分实践。以下是对他的采访内容。

采访者：程秘书长，您是怎么接触到雨花的？

程秘书长：2012 年的时候，当时我有一个朋友，他是做茶叶的，他认识一名画家，这名画家就是雨花公益敬老家园中孔子像的作者。我因为他才认识这位画家，认识以后，有一次这位画家发信息给我，说在杭州建德有一位公益创办者，来他画院，邀请我去他的画院。去了以后我们交流了很多。临走之前，还说了一些雨花敬老公益的事情，我想着给它捐点钱吧，问他有没有账户，他给我留了电话，后来也给我发了建德雨花社会组织的账号，我就给这个账号一些汇款，这是我第一次接触雨花。

到了春节的时候，我的女儿大概 11 个月吧，在这之后，我喝茶的那个朋友说在建德有一个活动，大家可以去参加，我就把信息给我的太太看看，她看完以后说她想去。但我们的女儿才 11 个月，怕我爸不放心，就让爸爸一起陪着去，带着女儿，那是第一次去参加雨花公益敬老的活动。没想到参加的会议是雨花第一次全国会议，当时是最原始的雨花发起人都参加了，这也是雨花历史上一个很重要的会议。当时那个会议我刚一坐进去，我爸就在那喊我，说小孩他看不了，那我就出去和我爸看小孩去，我太太就在里面听那个会。连续三天的会，我什么也没听，都在看小孩，我太太听得痛哭流涕的。这是第二次接触雨花敬老公益。

当时我太太回来就和我说雨花敬老公益的事情，当时我说这个事情也挺好的呀，但我当时做企业，一听到雨花的运行模式，就觉得它不可持续，怎么持续呢？就有这么一个疑惑，但当时也没想过要参与雨花什么的。再后来就到年底了，我太太和我爸爸因为一些事情发生了很大的冲突，我爸爸离家出走了。我去找了那位画家朋友，和他交流了这个事，他说他来联系我爸爸，后来把传统文化的光盘给了我爸爸，看完以后我爸就回来了，说这些光盘特别好，就让我也看。其中有一个光盘里面有智然老师讲课，智然老师也是因为我喝茶的那个朋友结识的。智然老师有一个课程，那个课程之前也邀请我去听过，但是我没去。但这次我去听了智然老师五天的课程。

我之前一直在思考，在寻觅一件事情，这件事我可以一辈子都去做，不用改变。我也不断尝试我的新职业，比如有段时间我学马术，学骑马，我还跑到德国乡村的很多小马场去参学。后来又学中医，报了一期黄帝内经的学习班，后来又跟了其他老师。发现这些都不太适合我。直到听了智然老师的传统文化课程，我就觉得特别笃定，自己想要的或者追求的东西。那个时候，很多东西，比如生命在我眼中就是“函数”，因为我是理科生。当时我 35 岁，我就把我 35 年的所作所为往“函数”（就是《了凡四训》）里一带，我看到我 40 岁以后人生的曲线就开始衰败了。学习《了凡四训》后，我发现很多我原先认为的都是颠倒的，我就特别恐惧，恐惧到我上网到处去查，如何做才能避免这些状况。

采访者：您对生命其实一直有困惑，我还想问问，您原来的工作是开公司还是做企业呢？

程秘书长：是这样的，我从小有一个梦想，我希望用我的名字命名办一个世界五百强的企业，我就是这样去努力奋斗的，说好听点，就是有志向的人，说难听点，就是很功利。毕业了以后在上海的一个咨询企业里工作，服务的都是一些央企等大公司，我做的是系统设置。三年以后，因为我妈妈和原来几个同事成立一个小企业，后来我就回来参与到这个企业中，我做了很多投资。后来也参与了一些上市企业的股权投资，包括一些风险投资，因为运气特别好，祖宗积德，都非常顺利。

采访者：您原先是在企业当中工作，并参与了众多的投资等工作，后来怎么就转到从事雨花敬老公益事业了呢？

程秘书长：在我学完 49 天的传统文化课以后，我就立下一个志向，我要用我的余生来弘扬传统文化。因为我觉得我之前所认同的一些所谓的西方智慧太渺小了，而且副作用很大，一本最普通的家训就这么博大精深，我要好好地弘扬我们优秀的传统文化。回去以后，我把这个作为我工作之外的主要事情。后来我发现雨花敬老公益，就是一个践行中国传统优秀文化非常好的平台，所以，我就加入其中，想用自己的力量弘扬传承传统文化。

学习了智然老师这个光盘的五天的课程与《了凡四训》后，我反思自己，才知道很多东西都是“空”。后来我有同学想要融资，我就把我的股份放下了，全部卖给他们，变现。在变现的过程中，我一个“不”字都没说，一个字没看，全然接受所有安排。

而且我也没有参加到变现的这个过程，因为当时智然老师有一个 49 天的学习班，封闭式的，手机都要上交的，等于这个过程我都没参与，我都把它委托给我大学的一个同学，让他去做。我学完回来他再把银行卡什么的交还给我。此时，我已非常笃定，自己的人生应该追求什么了。

从中，可以发现，程秘书长慈善捐赠的起因是认可中国的传统文化并深受影响。他曾这样说过：“仅仅《了凡四训》这么一本书都有这么多的智慧，那我们浩如烟海的传统文化有多么博大精深啊！”所以立志用余生来弘扬传统文化。在了解与实践的过程中，他觉得通过雨花敬老公益，不但可以弘扬优秀的传统文化，还可以积德行善，为老年事业做贡献，所以就带着自己的财富，全身心投入养老事业。可以说，他参加公益事业的起因就是对传统文化的认可，下定决心终身从事雨花公益敬老事业是因为对雨花文化的认可并能为我国的养老事业做出贡献。

二、行善的需求：只想做善事，不想自己变坏

从第一节的文献综述可以发现，慈善捐款的动机很多，也有较多分类的方法。高静华将慈善捐款的动机大致分为四个维度：利己与利他的人性维度、同情与内疚的情感维度、公平与正义的制度维度、宗教与伦理的文化维度。① 那么雨花敬老公益的捐赠者也是雨花的终身志愿者，方女士，金都房产集团老板的太太，其应该是属于利己（不想让自己变坏）与利他的人性维度。2014 年她在报纸上看到杭州第一家雨花免费餐厅信息后，就认为这件事情非常有意义，于是成为雨花家园的义工。方女士的先生提供了位于杭州吴山广场附近公司的场地，开设了吴山雨花敬老公益家园，之后又在临平夏宫社区、厦门等地开设了雨花敬老公益项目。

通过对方女士的采访可以发现，方女士，1970 年出生，职业高中毕业，护士专业，方女士动机非常简单，就是想做好事。具体访谈如下。

采访者：这么大的场地（场地位于市中心，500 多平方米），又处杭州市中心吴山广场附近，都是您赞助的吗？

方女士：对，其实是我先生赞助的。我是家庭主妇，我先生做房产的，市场做得比较大。20 世纪 90 年代时候，我家里条件很好，那时候我就在家里带孩子。因为我想孩子还是自己带吧，虽然家里那时候请几个保姆、司机都可以，就是因为爱孩子嘛，就自己带，虽然辛苦一点。另外，那个时候经济条件比较好，如果自己出去了也只会吃喝玩乐，如果这样，觉得可能有些奢靡。但人总要做点事情，你这边事情不做了，那边事情肯定要去做。那我就给自己找点事做，就带孩子吧。因为孩子身体也不好，现在发现那会儿也是因为我管得太仔细了，所以既管孩子学习又管孩子生活，也是非常忙碌。那时候没有学习传统文化，所以不知道怎么教育孩子，就只会全身心地扑在孩子身上，现在发现其实不是很合适。好在那时候，了解了我们老祖宗的智慧，就是中国优秀传统文化，让我学习到了教育孩子的经验。

① 高静华. 人性情感与制度文化：国外慈善捐赠动机研究综述与启示［J］. 社会政策研究，2019（02）：73-86.

采访者：您是怎么接触到这些优秀传统文化的？

方女士：也是朋友说这个比较好。所以呢在家里就是一边做家务，有空的时候看看书啊。之后在报纸上看到杭州的第一家雨花敬老餐厅。我想这个事情真的很好啊！那时候已经2014年了，所以，等我孩子9月份开学了，我就到雨花去做义工了。

采访者：你孩子是上几年级的时候你过来的？

方女士：那时候他刚上初中，所以他初中三年、高中三年，这六年我都没管他，因为来做义工了。

采访者：那您做义工已经6年了。后来您又是出于什么样的考虑，把寸土寸金的场地免费提供给雨花敬老家园使用呢？

方女士：那时候我先生这边的酒店第二次装修，以前从第1层到第4层全部是餐饮海鲜，后来他就把1楼2楼改成了商场，就留了3层做餐饮，4层以上都是住宿了。那这个地方正好装修好，我就跟我先生说，能不能用来做雨花敬老家园，因为现在我在那里做义工。刚开始他也是有顾虑，没答应，因为不了解。后来我说你看做素食也很好呀，我要求他，也劝他，但他没有马上答应下来。后来可能因为我们结婚这么多年了，我从来对他没有提出要求，说我想要什么我喜欢什么的，开设雨花敬老家园和做雨花义工是第一次主动跟他说起。后来他说反正你也没什么爱好，喜欢做义工那你就在自己酒店里做吧。

有一天，我们全家去雨花敬老家园参观，那时候让他很有感触的就是感恩词，因为我们去得比较迟，用餐差不多结束了，很多义工还对在孔老夫子像面前念感恩词，我先生回来的时候就跟我说了一句，他说，谢谢你。我不知道他为什么谢我，其实我后来知道是因为感恩词吧。后来他在企业工作证的反面就把感恩词印上去。从此以后，他一直就比较放手，让我在这边做雨花义工。

采访者：据我了解除了这里是免费提供的场地之外，还有天阳亲子广场的城市新宇，也是您先生免费提供给大家送餐使用的吧。

方女士：这边是2020年4月底开业的，7月份在厦门一个项目里面也做了雨花敬老家园，8月份在临平也开始了。我先生就觉得雨花公益好，就把雨花敬老家园融入物业管理之中了。

采访者：在物业管理中开始建设雨花敬老公益家园，需要场地、人力各种成本，您这边有没有什么考虑？

方女士：租金什么的我不去管它，我就把这个工作做好，这也是我的一个动力。先生把这么大的一个产业交给我，让我去做，我肯定要用心做好。我跟很多人都说我先生给我找了一个很好的工作。

采访者：我听说您2014年的时候开始一直做义工，以后是继续做义工还是有什么其他的想法？

方女士：这是我一生一直都会做的一件事吧。以前就是没接触过做义工或者志愿者，就是一直在家做家务。现在有时候回到家里，你会跟大家说，我回家去做义工。真的都是一样的，我们这些老师、那些义工包括你们，我现在就是把你们当家人看的，就是兄弟姐妹。做的时间长了，好像就养成性格和这种习惯了。到走出去啊，或者在家里，都希望自己能保持这种好的习惯。

采访者：我有一个很疑惑的地方就是各种各样的公益很多，雨花它的魅力到底在哪里呢？怎么把您吸引过来了？

方女士：因为我朋友很少，98年到杭州来的，98年定居之前我们就在临平，在我生了儿子之后先生就下海了，以前我们两个都是在临平工作的，我先生在临平审计局下面的房产公司里做事，我在一家服装厂里做医务工作。公公婆婆在农村也不习惯到城里来，我父母呢还没退休，孩子就自己带，所以一直就在家里，交往的朋友也不多。因为那时候先生已经很风光了，然后我也不想给他添麻烦。跟很多朋友一起吃饭，我都感觉自己已经跟不上这个社会的节奏了，我跟着出去还以为是家里的保姆，因为我全身心地投入在家里，也不注重自己的打扮，或者是管着先生。我就觉得这个传统文化是我的依靠了。首先，我相信《弟子规》里面的每一句话就是我应该去做好的。这样家庭才能幸福，所有人都会和睦相处。因为之前我没接触过，每天总感觉到很空虚，一天一天就这么过去了，现在我就不会这样，我心里有底了。所以很感恩老祖宗这个文化，5000多年了，早就跟我们说了怎么才能幸福。雨花敬老家园就是一个很好的学习的场所，每天也很考验我怎么能把这个事情做好。

从方女士的身上可以发现，普通群众需要有可以做善事的平台，让自己有事可做；也需要一个能让自己成长的学习平台，让自己内心更强大以及学习如何处理家庭关系的实用技巧。雨花敬老公益平台，也正因为其纯粹的善心，并与传统文化相结合，所以更能吸引到类似的人群。从方女士的采访中，还可以发现，人有一种心理需求，就是做善事的需求，通过行善达到自己内心的平和，防止自己走向堕落。另外，社会需要给普通群众一个再学习的环境与平台，通过这些学习，群众能更好地经营家庭、教育子女、解惑身心。

三、积极情感的体验：做志愿服务感到快乐

Clark 指出，当捐赠对象的经历与捐赠者存在一定联系时，捐赠者的同情心就会被唤起，产生捐赠行为。[①] 除同情心外，捐赠情感还包括一致感、赎罪

---

① Clark M S. Reaction to Aidin Communal and Exchange Relationships［M］. NY：Academic Press，1983.

感、认同感、恐惧感等。情感动机是慈善捐赠的动机之一。捐赠人可能出于同情和内疚，或者源于内心的情感需求而发起捐赠。

在对雨花的捐赠者也是发起人的访谈中，发现捐赠者也有情感方面的需求，但是这个需求，未必全是移情、同情、怜悯、内疚感和罪恶感方面，还有就是为了获得一份积极的情感体验。53 岁的张女士，原职业与鞋皮工作相关，温州人，从事志愿服务 8 年了，参与雨花敬老公益的捐赠与志愿活动的动机就是在志愿活动中感到快乐的积极情感。

张女士觉得做生意没有做义工快乐。她以前追求欲望，经历过物质很丰富的阶段，可是她觉得没有在雨花敬老家园做义工快乐。她还因为雨花敬老公益过于忙碌，就放弃了原来的生意。张女士觉得帮助别人可以感受到快乐与积极的情感体验。具体内容如下。

采访者：您今年多大了呢？

张女士：我今年 53 岁。

采访者：您在雨花做义工的这八年里有没有遇到什么困难呢？

张女士：没有什么特别大的困难。

采访者：那您有没有遇到过有些人不是特别理解你们这样的情况吗？

张女士：你不能渴望每一个人都能理解你，有些人理解你，有些人不理解，但我们需要做的是了解清楚自己的人生观、价值观、世界观，然后去做相应的事情就可以了。

采访者：明白。有些义工也是长期在这里的，但是对家庭的照顾可能会少一点。听说您女儿也是和您一样做义工的，那她也是一开始就做义工吗，还是你先做然后影响到她呢？

张丽丽：我出来做义工的时候她还在学习，但她在我一开始做义工的时候就能理解我。

采访者：那您觉得您这八年做义工的动力是什么呢？

张女士：我觉得以前做生意似乎没有现在做义工快乐。

采访者：按照我的理解，做生意能挣到钱，花钱是件很快乐的事情。

张女士：嗯，但是，我觉得长期处于花钱的状态，其实是一点都不快乐的。比如说买了一件时装，必须要配一双高跟鞋，买名牌包以及匹配的首饰等，还需要整理一下头发，打扮一下，每天都这样，搞得跟要上台演戏一样，我感觉很累很累。而且为了追求穿着，大家就会产生一种攀比的心理，就没有现在的心这么自在。这就是价值观、人生观的问题。

采访者：那您在这边为什么能感到快乐啊？

张女士：在这边我觉得很轻松。

采访者：但是您在这边承担了很多的工作啊！

张女士：因为对象不同，我们在这边实实在在帮助他人，帮助的对象感到快乐，他们无形中就反馈过来，这样我也感到很快乐。我看到有些七八十岁的老人，表面上看起来走起路来很好，但实际上却是很吃力的，做饭什么的是很辛苦的。所以我们做一餐送给他们，他们是很开心的，他们有感恩的心，我们也是怀着感恩心。这些互动与感觉带来幸福与快乐，是无法用语言来形容的。

采访者：这确实难以用语言表达，您为他们奉献，他们又给您回报。不需要表达感谢就能感受到对方的温暖，我们也体验了这么多天的义工，感受到了一件事不知道为什么做着做着就好像有一股能量或力量让你想要一直做下去。

张女士：是的，就像你说的，这是心与心的一种交流。

从张女士的访谈中，可以发现行善是一件快乐的事情，是一种温暖的互动，是一种积极的情感体验。行善本身就是一件积极快乐的事情，没有其他的目的与想法。行善也是人类情感的一种需求，古有积善成德，今有慈善捐赠、志愿服务。慈善公益从古至今一直存在，未来也将继续存在。

四、心理需求的满足：雨花公益敬老是我精神的家园

慈善捐赠的动机包括心理利益动机，即公益志愿能满足人的心理需求，包括获得持久的幸福感和自我价值实现的成就感等。“80后”的毕女士，女，41岁，是雨花餐厅的店长，志愿时间6年，安徽人，曾患宫颈癌，原职业是家庭主妇，有一个十六岁的儿子。她从雨花公益敬老项目中获得了持续的幸福感，寻找到了自我的使命及价值，她坚定地认为雨花公益敬老是她的精神家园。

毕女士参与雨花公益敬老的概括如下：她是从安徽远嫁来到南浔。在2014年的时候，查出患有宫颈癌，得知自己患病的那一刻，她想到，自己还这么年轻，如果自己去世，还在上小学的儿子该怎么办。在癌症治疗的过程中，丈夫又做错了事，面对病痛的折磨和家庭的危机，绝望的毕女士一度想要轻生。然而，轻生未果。这也让她意识到了自己的使命并没有结束，自己还有许多任务需要完成。一次偶然的机会，毕女士了解了雨花敬老公益组织，随即开始了长达6年的志愿生活，一直从事志愿服务到现在。在雨花志愿服务的过程中，她辛勤地服务老人，并从为老人做实事中感受到了自己的价值，知道自己被需要着。她把雨花公益敬老当成精神上的家园，快乐健康的义工生活也成功地让她度过了五年的癌症危险期。尽管中间仍然有很多困难，也受到过很多人质疑，但都不能阻止她在雨花斋公益敬老组织做志愿者的决心。做志愿者以后，她也从未放弃过生的希望，也希望对自己的孩子负责。

此次在采访的过程中，恰逢湖州雨花公益敬老家园年终述职总结活动。毕女士发表了自己个人演讲，从她的演讲中，也能知道她参与雨花公益敬老的缘由。具体内容如下。

毕女士：我刚开始的时候是因为自己儿子同学的妈妈介绍，发现能在南浔当义工，就带着儿子来了。

我在雨花餐厅今年算是第六年，在我刚进雨花餐厅时，只是我带着儿子来看一下，然后没想到坚持了整整五年。为什么我要讲讲这五年，因为这五年对别人来说，只是一个过程，这五年在家里或者在工作中就过去了，但是对我来说是这5年给了我第二次生命，因为我是个癌症患者，在我没来之前我是觉得没有活下去的价值与意义，但是当我走进雨花餐厅之后，它让我找到了活下去的意义。

对我自己的生活，很简单地讲一讲，我儿子今年16岁了，当我生病的时候，我孩子6岁，那个时候我在上海，我觉得可能我再也没有时间陪我的儿子了。他那时才上幼儿园，下面读小学怎么办？他到底还需要谁？他是我一直走下去的动力。昨天晚上跟我儿子在家里聊天，他说："妈妈，不管怎么样，这几年你都陪着我。"我也说："是这几年你给了我活下去的动力，我们俩要一起加油，好好地活着，一起走下去。"昨天我在湖州，他就一直给我打电话："妈妈，你快回来"。当我在路上的时候，我不知道是马上回来好还是回去前给他带点东西。他就一直要求我快点回去。当他给我打了第一次电话，后来我一路跟他微信聊天。"儿子，人活着是为了自己活着。你今年才16岁，没有经历过很多事情，我们就一步步踏实地走下去。"他就一直说："你快过来陪我，我真的受不了。"当我回到家里以后，他就抱着我，跟我说了很多。第二天我带他去湖州医院，测试出来是重度的抑郁症。然后我也不断反思自己，是不是这几天在雨花餐厅投入的精力和时间太多了，没有照看好他。为什么这几年我会一直在雨花餐厅？为什么会这样做？可是我想着因为我进入雨花餐厅后，身体也慢慢变好，所以我才能一点点、一点点地走下去，我才能陪伴我的儿子更久。这几年我在雨花餐厅学到了很多东西，这是挣钱所学不到的，所以我有一个结论，我上班就在雨花敬老家园，什么也不用管。我说，我在外面上班两三千，一年两三万，可是要是我没了，一个月三万也没有用。所以我就在雨花敬老餐厅，我觉得身体状况和心情有很大的关系，我在雨花餐厅开心，所以我的病也有了好转。这是我在雨花敬老家园一个很大的目的。

从毕女士的演讲中可以发现，在面临生活的变故与困难，走入人生绝境之际，毕女士走进了雨花敬老公益，长期的志愿服务使毕女士重新燃起了对生活的希望，找到了心理上的家，感受到了家的温暖，从而使内心获得了持久的幸福感和安定。同时，毕女士也逐渐找回了“生”的意义，认识到了自我的使命和价值，找到了心中真正温暖而安定的精神家园。

第三节　雨花慈善捐赠者的特点

一、捐赠者也是雨花的经营者与参与者

与其他慈善捐款不同，雨花敬老的捐赠者大部分是雨花的经营者或运行者，抑或是志愿者，比如雨花总体运行者程秘书长，杭州吴山雨花敬老家园的方女士和湖州的毕女士都是店长。这种特殊的经营方式主要有以下几点原因：一是雨花餐厅是一项有意义的公益事业。雨花的捐赠者在接触雨花公益后，都想发挥自身的能力去为这项事业做贡献。二是雨花敬老公益是一个具有强烈吸引力的平台，在这里不仅有事业发展的机会，更能给人带来温暖与关爱。三是很多捐赠者在雨花敬老公益平台找到了人生的价值与人生的使命。

二、捐赠者通过家人或自己真实体验而捐赠

雨花敬老的捐赠者有许多都是在雨花从事志愿服务后，通过自己或者家人的真实体验，体会到雨花事业能给人带来行善的快乐，或是给人以心灵的解脱，还有如毕女士一样的捐赠者，他们在雨花公益敬老项目里获得心理和精神上的满足。这些捐赠者，不是平白无故的捐赠，他们是切身地体会到雨花公益敬老事业对这个社会、对社会中的老人的意义，也真切地体会到公益敬老事业的伟大和重要。因此，这些捐赠者在真实体验后，选择为雨花敬老事业而奉献。

三、捐赠的动机主要来自精神层面

对雨花敬老事业捐赠者的动机展开研究发现，捐赠者对雨花敬老公益的捐赠动机更多的是出于精神层面。比如，对文化的追崇、对内心行善的渴望、对精神家园的找寻，抑或是信仰的驱动以及情感的满足。捐赠动机从一开始的声望动机、效力动机，逐渐演变成现在更多的精神追求，我认为主要受以下几种因素影响。

一是经济因素。随着国内经济增长，人民对物质的追求已经放缓，特别是

在我国已实现全面小康社会的大背景下，越来越多的人追求精神生活。正如马斯洛需求理论认为，在满足了基本的需求以后，人们就会追寻尊重与自我实现需求。而慈善捐赠，是将个人融入社会、承担时代使命、实现生命自我价值的一条重要渠道。

二是文化因素。近年来，国家大力推崇文化自信，儒家文化等开始走进大众，深入人心。了解中国传统文化的渠道增多，中国传统文化的魅力也显现出来，尤其是儒家文化。这种魅力驱使人们开始行善，人们从一些讲授传统文化的书籍中了解做人的道理，从善的行为中寻找精神乐园。

第四节　本章小结

本书通过文献梳理，总结了国内外个人和企业产生慈善的动机。继而，本书对雨花公益敬老捐赠者的动机进行研究，雨花捐赠行为的动机主要有以下几类：一是宗教的影响。如金女士受佛教的影响，相信因果轮回，所以希望借雨花公益敬老的平台，践行佛教的思想。二是儒家文化的影响，雨花项目主要运行者程秘书长，他参与雨花的最初缘由就是因为学习了传统文化《了凡四训》，并深信其正确性。三是行善的需求。社会动机是怜悯、同情引发的动机，以及为了社会正义进行慈善捐赠的动机，比如方女士。方女士开始成为雨花餐厅的义工，动机非常简单，就是想做好事，是一种行善的需求。四是心理需求的满足。毕女士在人生低谷之际走进了雨花家园，长期的志愿服务使毕女士重新燃起对生活的希望，找到了心理上的安慰，感受到了家的温暖，从而内心获得了持久的幸福感和安定感。雨花的慈善捐赠与其他慈善捐款不同，雨花敬老的捐赠者大部分是雨花的经营者或运行者，抑或是志愿者。还有一部分捐赠者，则是通过自己的家人或真实体验而捐赠，这种体验式的捐赠，使得他们的“善心”更加坚固、更加长久。

第六章　志愿者动机

志愿者，又称“义工”“志工”。联合国将其定义为“自愿进行社会公共服务而不获取任何利益、金钱、名利的活动者”。志愿者持续参与志愿活动称为“志愿者保持”。“志愿者保持”研究旨在回答“一旦人们决定参与志愿服务，有什么因素能促使志愿者留在（或离开）组织”。

在中国知网上，以“志愿者”为关键词的学术期刊有5.25万篇，可见志愿者的研究受到学者们的极大关注。纵观已有的志愿者研究，在研究内容上有志愿的培训、管理、组织、志愿行为的影响因素、志愿动机等方面。在研究方法上有质的研究，也有实证的分析。在研究对象上，从年龄层次来说，多数以大学生为研究对象，而关于其他群体，比如中年人、老年人的志愿研究较少；从志愿服务的时间、频次上，以参加过一次或数次志愿活动的志愿者为研究对象的居多，而对长期做志愿工作的志愿者研究较少，以志愿工作作为自己的人生目标的研究就更少。在研究对象上，还存在一个问题就是以某一志愿服务平台或公益组织为研究对象的较少。志愿者自愿、自发地开展，简单地利用志愿活动，除了志愿者内心的动机与想法外，与公益平台的组织有什么关系呢？什么样的组织与平台更能吸引志愿者？本章节将对雨花志愿者进行深入访谈，试图分析雨花公益志愿者的首次服务动机、现阶段服务动机和持续志愿服务的原因。

第一节　志愿者动机的研究现状

一、志愿者动机研究概述

志愿者动机研究是分析人们为什么愿意从事志愿服务。志愿服务动机是众多社会科学研究者探求的一个重要话题。心理学认为，行为的原因即为动机。

动机研究涉及人类行为的基本源泉、动力和原因，它探讨人类行为的目的性、能动性等方面的特征。作为一种心理活动，动机体现个体的个性倾向性，表现人类在做出某种行为选择时的差异性；另外，动机亦是人类行为的内在动力，决定着某种行为的方向和强度，它不仅可以激发、强化行为的产生，而且能鼓励行为的持续出现以达到行为的目的。志愿者动机一直是国内外学者的研究重点，国外对志愿者动机的研究已经较为系统，羊晓莹对国外动机研究现状进行了梳理，将动机模型分为两类：传统的动机模型，经济学取向的动机模型。① 而国内关于志愿者动机的研究为数不多，尚在起步阶段。因此，本书将动机模型分为因素动机模型和经济学取向的动机模型两类，对国内外文献进行回顾。

二、志愿动机的分类模型

1. 志愿者动机的因素模型

国外研究者自 20 世纪 70 年代起，开始关注志愿者动机，并在随后的几十年内逐步形成了三种理论模型，分别是双因素或三因素模型、线型模型和多因素模型。

（1）双因素或三因素模型

Horton-Smith 建立了一个关于志愿者动机的双因素模型，将之分为利己动机和利他动机。② 双因素或三因素模型以如下研究为代表：Fitch 在一项以大学生志愿者为对象的研究中，编制了一个包含了 20 个题目的量表。这个量表涉及了三种动机因素：利他动机、利己动机和社会责任动机。③

国内研究者吴鲁平依据对青年志愿者所做的访谈资料，“扎根理论”的研究方法对志愿者的参与动机的类型及其阶段特征做了分析。④ 该研究发现，志愿者的参与动机可分为三类：传统性动机（以“责任感”为轴心）、现代性动机（以“发展”为轴心）和后现代性动机（以“快乐”为轴心）。而且该研究指出个体的参与动机不是静态不变的，而是处于变动之中。而这一演变的过程大体可以分为两个阶段：进入时的初始参与阶段和进入后的持续参与阶段。两个阶段的参与动机，即进入时的“初始参与动机”和进入后的“持续参与

① 羊晓莹. 国外志愿者动机研究及其启示［J］. 当代青年研究，2011（01）：17-20.

② Horton-Smith D. Altruism, volunteers, and volunteerism［J］. Journal of Voluntary Action Resenrch, 1981, 10（01）: 21-36.

③ Fitch R T. Characteristics and motivations of college students volunteering for community service［J］. Journal of College Student Personnel, 1987, 28（5）: 424-431.

④ 吴鲁平. 志愿者的参与动机：类型、结构——对 24 名青年志愿者的访谈分析［J］. 青年研究，2007（05）：31-40.

动机”存在很大的不同。不同类型的动机不是绝对对立的，而是可以共生的，在志愿者的参与动机结构模型中，存在多种由两种或两种以上的动机类型混杂化后而形成的“多元混合模型”。①

（2）线型模型

1991年，Cnaan和Goldberg-Glen从一个更为广阔的视角出发研究了志愿者动机的大量文献，证实了已有研究的局限性。② 在这项研究中，258名志愿服务人员和104名非志愿服务人员被要求对28项志愿服务动机的重要性进行排序。研究发现，当所有28个动机都接受不同类型的因子分析时，大多数项目都是在一个因子上分组的。也就是说，得到了一维尺度，志愿者本身并没有区分他们自己的动机类型。

（3）多因素模型

多因素模型的理论基础是功能分析。功能分析的思想源于机能主义心理学，其核心观点是人类的大多数行为都是由特定的目标和需要所激发，如果要了解某一行为发生的原因，就应该从该行为能实现的目标或满足的需要这一方向去考虑。也就是说，即使是同一种行为，对不同的人也具有不同的功能。多因素模型是功能分析理论在志愿者动机领域的应用。Clary等人在已有研究的基础上，确定了志愿行为的六种功能，分别是：③

①价值功能（Values function）：个体为了表达或支撑某一重要价值观，如人道主义和帮助不幸者。

②理解功能（Understanding function）：了解世界、增加知识、锻炼技能。

③增强功能（Enhancement function）：寻求心理上的成长与发展，如增强自尊、提高个人价值感。

④职业功能（Career function）：获得和现在或今后的职业相关的经验。

⑤社会功能（Social function）：巩固、加强某种社会关系。

⑥保护功能（Protective function）：减少消极情绪，如内疚。

此模型也得到国内学者的验证，如卓高生参照该研究的量表将大学生志愿服务动机功能的类型划分为六类，分别是：价值表达、学习理解、社会交往、职业生涯、自我保护、自我增强，以至少参加过一次志愿服务活动的在校大学

---

① 吴鲁平. 志愿者参与动机的结构转型和多元共生现象研究——对24名青年志愿者的深度访谈分析［J］. 中国青年研究，2008（02）：5-10.

② Cnaan R A, Goldberg-Glen R S. Measuring motivations to volunteer in human services［J］. Journal of Applied Behavioral Science, 1991（27）：269-284.

③ Clary E. G., Snyder M., Ridge R. D., et al. Understanding and assessing the motivations of volunteers: A functional approach［J］. Journal of Personality and Social Psychology, 1998（74）：1516-1530.

生为对象，采用随机抽样方法选取样本，我们对量表开展预测，并进行探索性因子分析、验证性因子分析和信度分析，发现各指数均表明模型拟合效果较好，信度指数良好。[①] 该动机模型也在蒋巍对广东省志愿者的问卷调查中所验证。[②]

2. 经济学取向的志愿者动机模型

志愿者付出自己的时间与精力，又不以直接的经济回报为目的。因此，有必要考察志愿者获得了何种收益，这样，他们的行为才是符合理性的选择模式。经济学理论家们公认了三种微观经济学模型来解释志愿者动机，分别是公共利益模型（Public Goods Model）、个人消费模型（Private Consumption Model）和投资模型（Investment Model），如表 6-1 所示。

表 6-1 志愿行为解释模型

模型	受益	一般动机
公共利益	利他受益	增加公共利益
个人消费	自我价值受益	从志愿行为本身获得乐趣
投资	交换受益	未来获得劳动力市场的经验、技能和社会关系

公共利益模型，个体把自己的时间奉献给公益的原因，是为了增加公共利益或公共服务的总量。在这里，公共利益是非竞争性和非排他性的。也就是说，当他人的公共利益获益时，个体也获益。这种行为依靠的是志愿者为他人的获益而服务，而不是依靠某种物质回报，其本质上是一种利他行为。

个人消费模型，和公共利益模型相反，志愿者的动机由个人利益所激发。志愿者所获得的回报包括自我同一性，获得或维持某种社会地位，从某种类型的工作中或者从社会道德规范的履行中获得满足感，或者仅仅是通过做一些善事而获得“温暖的感觉”。

与志愿行为有关的第三种核心收益是交换价值收益，志愿者在服务活动中获得直接的补偿。这种模型假设志愿者是为了丰富人际资源，以提高自己的就业能力或者增加自己以后的收入。也就是说，志愿行为被视为一种扩大个体社交网络、实现个人目标（特别是职业目标）的方式。如通过志愿服务培训，获取新的技能。通过建立有用的社会关系，或者展现自己的能力而得到潜在的就业机会。在此志愿行为被视为一种投资行为。

① 卓高生，孔德民，车文君. 大学生志愿服务动机功能理论的实证研究 [J]. 统计与决策，2014 (06)：111-113.

② 蒋巍. 中国志愿者服务动机结构研究——基于广东省志愿者的问卷调查 [J]. 中国青年研究，2018 (06)：59-65.

三、志愿者动机模型的维度指向

通过对志愿者动机模型的文献梳理，笔者认为，无论是志愿者动机的因素模型还是经济学取向的志愿者动机模型，除了线型模型，志愿者的动机可分为三个维度，具体见表6-2。一个是指向社会的、他人的，为公共利益的；另一个是指向个人的，如体验与非经济的收获；还有一个没有指向，没有区别自己的动机类型。本研究认为，或许对部分人，志愿者本人自己没有觉得是为了他人还是自己，只为行善事而行善。指向社会的、利他的，是志愿者精神含义之一，也是志愿精神的出发点。因为志愿者本身的定义就是“自愿进行社会公共服务而不获取任何利益、金钱、名利的活动者”。指向个人维度的，也是情理之中，也是志愿者投身于公益的重要原因之一。虽然不是以任何利益、金钱、名利的动机去参与，但是，参与了志愿活动，定会产生体验、与人交流，在这些活动中丰富了人际关系、锻炼了实践能力等。

表6-2　各种动机模型维度指向

志愿者动机模型	动机类别	动机指向
双因素	利他	社会、他人
	利己	个人
三因素模型	传统性动机（以“责任感”为轴心）	社会、他人
	现代性动机（以“发展”为轴心）	个人
	后现代性动机（以“快乐”为轴心）	个人
线型模型	志愿者本身并没有区分他们自己的动机类型	没有指向
多因素模型	价值功能、社会功能	社会
	理解功能、增强功能、职业功能、保护功能	个人
经济学取向的志愿者动机模型	利他受益，增加公共利益	社会、他人
	自我价值受益，从志愿行为本身获得乐趣	个人
	交换受益，未来获得劳动力市场的经验、技能和社会关系	个人

关于志愿服务动机的分类研究方面比较丰富与全面，但笔者认为，还有以下问题值得探讨与研究。一是它有志愿者动机研究对象，一般以参与一次或几

次志愿活动的人为研究对象，而对长期从事志愿活动的人的研究较少。长期从事志愿活动的动机与短期志愿活动者的动机有无区别？二是不同的公益组织、公益平台，志愿者的动机是否不同？三是志愿者的动机在志愿服务中是否会发生变化，初次参与动机与现阶段志愿服务动机与终生致力于公益的动机是否也不一定相同？此方面，吴鲁平已指出个体的参与动机不是静态不变的，不同类型的动机是可以共生的。[①] 而且不同公益活动或组织的志愿者的动机也会有一定的差异性。但是相关的研究较少。四是如何保持志愿者的服务意愿，使得志愿者具有保持志愿服务的动机。贺志峰、齐从鹏以生态系统模型为分析框架，发现除了性别、婚姻等微观个体特征因素的影响外，志愿服务规范化管理、专业化管理对志愿者持续性志愿参与意愿具有显著正向影响；价值回报是激励志愿者持续提供志愿服务的核心动力，而过于注重物质激励，则可能会降低持续性志愿参与意愿。[②] 李芳得出了影响志愿者维系的回归方程，并以湖南省博物馆为典型案例，认为良好的志愿设计、优良的组织文化、完善的激励机制，以人为本的管理体系、良好的人际关系以及充足的志愿者储备，能有效地保持志愿者的维系。[③] 因此，志愿者动机的维持是多个影响因素共同作用的结果，而目前关于这方面的研究还较少。

为探索这些问题，本研究直接以雨花公益敬老组织中志愿服务时长 5 年以上的志愿者为研究对象，对之进行深入访谈，以丰富立体的形式呈现雨花公益敬老志愿者的动机。

第二节　雨花志愿者的动机

一、研究方法

采用经典扎根理论的方法开展，对受访者进行半结构式访谈，每个访谈的平均持续时间 60 分钟到 90 分钟。所有的访谈在 2020 年 11 月到 2021 年 2 月

---

① 吴鲁平. 志愿者参与动机的结构转型和多元共生现象研究——对 24 名青年志愿者的深度访谈分析［N］. 中国青年政治学院，2008-02-05（02）.

② 贺志峰，齐从鹏. 志愿者为何愿意持续提供服务？——基于生态系统模型的实证分析［J］. 青年探索，2020（06）：59-70.

③ 李芳 . 湖南省博物馆志愿者管理与维系研究［D］. 长沙：中南大学，2012.

完成，一共采访了18位。对所有的受访者都做了匿名处理，用A、B……字母代替。本书对访谈内容进行整理，对每个访谈问题进行编码分析。我们使用开放编码来分析数据，编码过程产生了“亲戚朋友”“生活困难”“价值认可”“慈悲心肠”等一系列一级编码。随着进一步的数据收集和数据对比分析，我们开始聚焦，形成了如“心理需要”“行善需求”“佛教信仰”等二级编码，具体见表6-4，并对各阶段志愿服务动机二级编码出现次数进行统计，如表6-5所示，以了解哪些因素对志愿服务动机产生影响。

二、研究对象

研究对象是在浙江雨花敬老公益中提供志愿服务超过5年的18名志愿服务者，其具体信息如表6-3所示。这些志愿服务者年龄都超过40岁，原先的职业有家庭主妇、企业高管、工人、商人、教师等；其中男性3位，女性15位，具体如表6-3所示。

表6-3　志愿者基本信息表（一）

序号	志愿者	性别	原先职业	籍贯	年龄	现居住地	时间	时长
1	A	女	家庭主妇	安徽	41	建德	2021. 1. 30	1.5小时
2	B	女	餐饮	浙江杭州建德	58	湖州	2021. 1. 28	1.5小时
3	C	男	企业高管	北京	43	温州	2021. 2. 4	1.5小时
4	D	女	家庭主妇	浙江杭州	43	温州	2021. 2. 5	1.5小时
5	E	女	鞋料生意	浙江温州	53	湖州	2021. 1. 28	1.5小时
6	F	女	开店	浙江温州	48	建德	2021. 1. 30	1.5小时
7	G	男	老龄委单位	山东桓台	57	温州	2021. 2. 4	1.5小时
8	H	男	休闲农庄	湖州南浔	47	温州	2021. 2. 4	1.5小时
9	I	女	旅游局工作人员	浙江温州洞头	46	杭州	2020. 11	1.5小时
10	J	女	鞋皮工作	浙江温州	53	不详	2021. 2. 18	1.5小时

续表

序号	志愿者	性别	原先职业	籍贯	年龄	现居住地	时间	时长
11	K	女	教师、广告策划、餐饮	重庆	54	建德	2021. 1. 30	1. 5 小时
12	L	女	社区服务，福利院义工	浙江温州	73	温州	2021. 2. 4	1 小时
13	M	女	在幼儿园工作	浙江温州	59	温州	2021. 2. 4	1 小时
14	N	女	会计	浙江湖州	74	建德	2021. 1. 30	1 小时
15	O	女	裁缝师	浙江建德新安江	72	建德	2021. 1. 30	1 小时
16	P	女	在北京上班	重庆	30	建德	2021. 1. 30	1 小时
17	Q	女	纺织工人	浙江温州	60	温州	2021. 2. 4	1 小时
18	R	女	工人	浙江湖州	43	建德	2021. 1. 30	1 小时

三、数据分析

（一）各阶段志愿服务动机概况

将访谈内容整理成文本资料，从开放编码到一级编码再到二级编码，整理结果如表 6-4 所示。从该表中可以发现：一是每位被访谈者对志愿服务的认知初次从事公益动机、当下从事公益动机、未来继续从事公益动机是有差异的，有由浅到深的过程，如访谈者 A，从最初是心理、生活需要的满足到当下积极的公益体验再到未来继续做公益的使命担当；二是每位被访谈者的初次从事公益动机是不同的，有因为朋友的介绍、家庭教育的影响、乐于助人的性格、传统文化的影响、偶然的志愿体验。三是从事公益动机趋于相似，主要是由于在从事公益过程中产生积极的情感体验、个人的收获与成长、社会的使命与责任、传统文化的践行、善的传播。四是未来继续从事公益事业的动机更加趋同，主要集中在公益的使命、佛教与传统文化的传播方面。

表 6-4　各阶段志愿服务动机汇总表

	初次从事公益动机汇总表			当下从事公益动机汇总表			未来继续从事雨花公益动机汇总表		
对象	初次志愿服务动机	一级编码	二级编码	当下志愿服务动机	一级编码	二级编码	未来志愿服务动机	一级编码	二级编码
1. A	患癌症，在儿子同学妈妈介绍下做义工，在做的时候能感到自己价值的肯定，又可以从中获得成长	心理、生活有需要，他人介绍	心理、生活有需要	感受到了自己的价值，知道自己被需要着，是自己精神上的家园	价值被认可、心里感到安宁	积极的情感体验	做公益事业时使命催促着前进	公益慈善的使命	公益慈善的使命
2. B	偶然与志愿者一同做慈善事业，发现十分符合自己的理念，便一直做下去	他人介绍，理念认同、偶然接触到	价值、理念认同	在服务老人时得到内心的满足、精神上的回报，丰满了贫瘠的精神世界	内心的满足、精神的回报	积极的情感体验	自己把老人当作家人对待，是雨花的一分子，是雨花永远的义工，雨花是我的家	雨花家文化的吸引	雨花家文化的吸引
3. C	受朋友建议发自内心想要去做义工	自发行善的需要、他人介绍	自发行善的需要	做义工比做生意快乐，帮助他人可以感受到快乐	感受到快乐	积极的情感体验	为了到处播撒善心，成就大同世界	行大善，公益慈善的使命	公益慈善的使命
4. D	慈悲心肠	行善事的需求	行善事的需求	做善事的过程中能得到成长和提升，学会包容、认识自己和了解他人	个人成长、素养提升	个人成长	秉持着爱心和慈悲心	行大善，公益慈善的使命	公益慈善的使命

续表

	初次从事公益动机汇总表			当下从事公益动机汇总表			未来继续从事雨花公益动机汇总表		
对象	初次志愿服务动机	一级编码	二级编码	当下志愿服务动机	一级编码	二级编码	未来志愿服务动机	一级编码	二级编码
5. E	十分赞同雨花为老人服务的模式，参与之后颇有感触	被雨花的义工所感动，想要传递爱	自发行善的需要	十分赞同雨花的养老模式，并为之努力把雨花带回自己的家乡，让更多人享受到	认同雨花理念与模式，传播、发扬善事的需求	传播善的需要	家人的支持，和志愿者的支持，以及对未来的信心	有做善事的信心	公益慈善的使命
6. F	早就认识到中国老龄化严重，关注敬老养老事业	原本就关注养老事业、社会责任担当	社会责任担当	对上了年纪的人的责任感，去帮助老人本就是应当做的事情	责任心、社会的责任与担当	社会的责任与使命	想要做自己一辈子喜欢做的事情、想把老人的慈善公益做起来	内心的喜爱	公益慈善的使命
7. G	受传统文化影响，加入公益事业	弘扬传统文化	弘扬传统文化	从公益事业中一直感受到大爱与仁爱	感受到爱与善	积极的情感体验	想要以后自己能成就仁爱	践行传统文化	弘扬优秀传统文化
8. H	自身特别爱帮助人，从小热心，爱国	自发行善的需要	自发行善的需要	在雨花文化中感受到做人的道理，也深刻影响了自身	个人成长、素养提升	个人成长	做义工对生命十分有意义，需要号召年轻人传承下去	对公益慈善意义的高度认同，公益慈善的使命	公益慈善的使命

续表

	初次从事公益动机汇总表			当下从事公益动机汇总表			未来继续从事雨花公益动机汇总表		
对象	初次志愿服务动机	一级编码	二级编码	当下志愿服务动机	一级编码	二级编码	未来志愿服务动机	一级编码	二级编码
9. I	本身想帮助更多老人，由朋友介绍接触，并认为很有意义	自发行善的需要、他人介绍	自发行善的需要	雨花斋是很好的学习场所，也能锻炼自己	个人成长、素养提升	个人成长	与义工们情谊很深，也把做公益当作自己的事业	与义工情感深、公益慈善的使命	雨花家文化的吸引、公益慈善的使命
10. J	受《了凡四训》传统文化的影响	弘扬传统文化	弘扬传统文化	传统文化的影响、积善之家必有余庆	做善事有善报	对传统文化的践行	为天地立心，为生民立命，为往圣继绝学，为万世开太平	弘扬传统文化的使命担当	弘扬传统文化的使命担当
11. K	中国养老产业低下，但需求大，想要发展中国养老产业、家庭变故、雨花公益对心里带来的宽慰	心理、生活的需求，社会的责任担当	心理、生活的需求，社会的责任担当	从小就有责任有担当，一直想做一份公益事业，发现了有雨花斋这么好的模式后，想要发扬光大	发扬雨花公益养老精神，传递大爱	社会的责任与使命	雨花精神值得被传递，中国也需要一个好的养老组织，去帮助日益增多的老人	为中国养老事业做一份贡献	社会的责任、使命担当
12. L	原先就做义工，雨花敬老家园刚开办就来参与	原先是义工，自发行善的需求	自发行善的需要	在雨花斋的志愿活动中感觉到了幸福，且感受到家的温暖。	体验良好，感受到幸福与爱	积极的情感体验	做义工有益于身心健康，且伴侣和子女都给予了支持	做义工本身的回报；做义工有益身心；家人支持	家人支持、慈善的回报（有益身心）

续表

	初次从事公益动机汇总表			当下从事公益动机汇总表			未来继续从事雨花公益动机汇总表		
对象	初次志愿服务动机	一级编码	二级编码	当下志愿服务动机	一级编码	二级编码	未来志愿服务动机	一级编码	二级编码
13. M	原先就听说过雨花公益组织，且有志愿活动经验，退休后朋友介绍加入	有义工经验、自发行善的需求、他人介绍	自发行善的需要	在雨花斋工作常常有被需要的感觉，认为帮助别人很快乐，并且能修养自身	个人价值被认可、有助于个人成长、幸福体验	积极的情感体验、个人成长	家人的理解和支持，扎根于骨子里的美德传承，能远离社会的污浊，洗涤心灵	家人的支持、传统美德的传承	家人的支持、传统文化践行
14. N	家教影响，学雷锋精神的影响、疏导心情的需要	疏导心情的需要	心理的需求	受从小以来的价值观影响，坚持做义工	雷锋精神的影响	对传统文化的践行	做义工使得自身心情愉悦，甚至身上的病都得到了治愈	义工本身的回报	家人支持、慈善的回报（有益身心）
15. O	受雨花创办人的影响、传统文化影响	践行传统文化	传承传统文化	弘扬传统文化	传统文化的践行	对传统文化的践行	弘扬传统文化	传统文化的践行	文化的使命与担当
16. P	和同学一起参加的北京雨花公益活动，心灵颇受震撼	对雨花公益理念的认同、他人介绍	理念、价值的认同	对当下比较迷茫，想摆脱生活中麻木的处境，让生活更加有意义	志愿活动体验好、感受到生命的意义	积极的情感体验	内心的诉求，激励着自己，希望自己的一生能够不再麻木，能够变得更加有意义	自我成长、提升，生命有意义	追求生命的意义

续表

对象	初次从事公益动机汇总表			当下从事公益动机汇总表			未来继续从事雨花公益动机汇总表		
	初次志愿服务动机	一级编码	二级编码	当下志愿服务动机	一级编码	二级编码	未来志愿服务动机	一级编码	二级编码
17. Q	经朋友介绍后接触到，并且加入志愿活动中来，被其中的传统文化所吸引	学习践行传统文化	弘扬传统文化	尽量让自己发一点光、发一点热，对这个世界的美好做出贡献	行善事、美好事情的需要	传播善的需要	做公益事业时使命催促着前进	公益慈善的使命	公益慈善的使命
18. R	为解决孩子与人交流困难的问题，来到雨花斋，寻求解决办法，与孩子一起参与义工活动	心理、生活的需要	心理、生活的需要	自身没什么特别的追求，在雨花斋中，感觉能发挥自己的作用，能被人需要，感觉很充实	价值被认可、被需要	积极的情感体验	自己把老人当作家人对待，是雨花公益组织的一分子，是公益组织的永远义工	雨花家文化的吸引	雨花家文化的吸引

将初次、当下、未来志愿服务动机的二级编码进行统计，结果如表 6–5 所示。从表 6–5 中可以发现：一是初次志愿服务动机中，自发行善的需求是最高的，有 7 次，这说明社会需要给善心、善行一个表达的机会与窗口；二是在当下志愿服务动机中，在志愿服务中产生了积极的情感体验的动机是最高的，有 8 次，由此说明公益组织的管理、运行、如何让志愿者产生积极的情感体验非常重要；三是未来志愿服务动机中，公益慈善的使命动机次数最高，有 5 次；四是传统文化的践行有 4 次。由此可见，友善的使命与责任更容易长久、持续，甚至使志愿者终生从事公益慈善事业。最后，虽然初次、当下、未来志愿服务动机的二级编码有所不同，但都涉及传统文化的弘扬、行善的需求。由此可见，一方面说明行善是心理需求的满足，另一方面说明文化的重要影响，特别是传统文化的影响，因为我们有“穷则独善其身，达则接济天下”“先天下之忧而忧，天下之乐而乐”“不独亲其亲、不独子其子”等优秀的传统文化。

表 6–5　各阶段志愿服务动机二级编码次数统计

初次志愿服务动机二级编码次数统计	动机	心理、生活有需要	价值、理念认同	自发行善的需要	社会责任担当	弘扬传统文化
	次数	4	2	7	2	4
当下志愿服务动机二级编码次数统计	动机	积极情感体验	个人成长	传播善的需要	社会责任与使命	对传统文化的践行
	次数	8	4	2	2	3
未来志愿服务动机二级编码次数统计	动机	雨花家文化的吸引	公益慈善的使命	社会的责任、使命	追求生命的意义	慈善本身回报（有益身心）
	次数	3	8	1	1	2

（二）初次志愿服务动机

从表 6–4 中可以发现，志愿者初次接触雨花公益的原因。表面上看，是由于他人的介绍、偶然活动的参与，但其实主要由以下几个动机的影响：心理、生活的需要，自发行善的需求、弘扬传统文化的需要、社会责任与担当的需要、价值理念的认同。这些动机也指向三个维度，利他、利己、没有指向（只为行善、价值理念认同），与前人研究（如表 6–2 所示）具有一定的一致性。

心理学家马斯洛晚年时期，在其五层次的需求理论基础上提出第六层需求，即“超越自我”的需要。表6-5的统计结果中，可以发现“自发行善”的需要次数最多。这也从一个方面验证着马斯洛的心理需求理论，人类有超越自我，自发行善的需求。也说明，慈善事业从古至今至未来都会存在，因为人类有追求“善”的需要。表6-5的研究结果中，还可以发现，初次参加志愿活动的原因是多方面的，这说明一个有吸引力的公益组织应能满足人的各层次需求，在文化上需要兼容并蓄，在管理上注重人性与人本。

（三）当下志愿服务动机

从表6-4中可以发现：当下从事雨花公益动机可以主要概括为：积极的情感体验、传播善的需要、对传统文化的践行、个人的成长、社会的责任与使命。这与国内研究者吴鲁平研究的发现，志愿者的参与动机可分为三类：即传统性动机（以“责任感”为轴心）、现代性动机（以“发展”为轴心）和后现代性动机（以“快乐”为轴心）；除了三类动机之外，还有传播善的需要、传统文化践行的需要类似。[①] 传统文化践行的需要可能与雨花公益敬老组织有关，这说明，不同行业的志愿者其动机有一定的区别。这与国外的志愿者动机研究结果也不同，中国的志愿者还深受传统文化的影响。所以国外关于志愿者的研究结果与结论，还需要本土化的过程。

各类动机次数统计中，其中积极的情感体验次数最多，这给我们的启示是公益组织要注重志愿者在志愿服务过程中的情感体验，比如志愿服务的意义、他人的认可等，这有利于志愿者的保持。

从表6-4中还可以发现：当下从事公益动机与初次接触雨花公益事业的动机有明显的不同。如，原本是受传统文化的影响而接触雨花公益事业，现在是传统文化践行者、传播者；原本是自发行善的需求，现在是传播善的传播者；原本是个人心理、生活的需求，现在是个人积极情感与成长的体验者。这与国内研究者吴鲁平研究的发现一致：该研究指出个体的参与动机不是静态不变的，而是处于变动之中。[②] 而这一演变的过程大体可以分为两个阶段：即进入时的初始参与阶段和进入后的持续参与阶段。两个阶段的参与动机，即进入时的“初始参与动机”和进入后的“持续参与动机”存在很大的不同。另一方面，不同类型的动机不是绝对对立的，而是可以共生的，在志愿者的参与动

① 吴鲁平．志愿者的参与动机：类型、结构———对24名青年志愿者的访谈分析［J］．青年研究，2007（5）．

② 吴鲁平．志愿者的参与动机：类型、结构———对24名青年志愿者的访谈分析［J］．青年研究，2007（5）．

机结构模型中，存在多种由两种或两种以上的动机类型混杂化后而形成的“多元混合模型”。

从表 6-4 中还可以发现：如果希望志愿者持续参与公益活动，首先公益事业必须是行善的事业，如果偏离此目的，志愿者估计就会流失。因为很多志愿者参与公益事业就是因为“公益”本身，就是想传播与发扬善。其次说明公益事业需要容纳、接受各种善的思想与文化，才能吸引各方人士参与。在中国，优秀的传统文化本身就含有丰富的公益利他精神。

（四）未来志愿服务动机

从表 6-4 中可以发现：未来继续从事雨花公益动机可以概括为：雨花家文化的吸引、公益慈善的使命、对公益慈善的信心、对公益慈善的喜爱、对传统文化的践行、家人的支持、慈善本身的回报（有益身心健康）、生命的意义、社会的责任、使命担当。未来继续从事的动机与当下从事的动机、初次接触的动机，又有很大不同，其种类更加分散。

首先表现为当下从事的动机、初次接触的动机都可以概括为 5 项，未来继续从事的动机增到了 6 项，新出现了“家人的支持”的动机。“家人的支持”动机的出现也是情理之中，如果一辈子从事志愿服务，家人的理解与支持自然十分重要。

未来志愿服务动机主要是：传统文化的践行、社会的责任与担当、个人生命的意义、雨花家文化的吸引、公益慈善的使命、慈善本身的回报。位于前 3 的动机分别是：公益慈善的使命、传统优秀文化的弘扬、雨花家文化的吸引。这说明一个有影响力的公益慈善组织要有自己的文化，也说明公益慈善不同于商业，必须以慈善为本，让从事的志愿者从认知到情感都认同与喜爱，感受到做慈善本身的回报并且在行为上以公益慈善作为人生使命。

从表 6-4 中还可以发现：从事慈善公益有益个人的身心健康，对该方面的相关研究可以深入，让更多的人了解公益志愿不但对社会有价值，对个人的身心健康也存在益处。

四、研究结果

从上述研究可以发现：一是不同时期的志愿动机是不一样的，有其发展的过程。二是志愿动机也不是简单的一个，对同一个人，有几种动机可以同时存在。三是无论是刚开始接触公益还是当下从事公益抑或未来继续从事公益，公益组织“善”的本质或者说“利他”的本质都是最重要的影响因素，从中似乎可以设想，公益性质越是“单纯”，其吸引力越大，当然这个结论还有待进一步研究。四是公益组织需要有自己的文化，而且这种文化需要兼容并蓄，才能吸引各方人士参加。五是公益组织也还需要考虑志愿者的身心感受、个人成长等方面，雨花志愿者愿意持续长久地在雨花公益组织，也是因为雨花是一个“道义大家庭”，志愿者们觉得在雨花是自在的、受尊重的、真诚的、亲切的。这在对志愿者的访谈过程中也有所反映。六是本研究以雨花公益敬老志愿者为例，在研究对象的选择上有一定的局限性，本研究的结论还需要进行进一步的验证。

第三节　本章小结

本章在对志愿服务动机现有文献梳理探讨的基础上，运用经典扎根理论，对坚持5年以上公益敬老志愿服务者初次志愿服务动机、当下志愿服务动机、未来志愿服务动机进行深度访谈，在数据分析的基础上有以下发现：一是志愿服务动机是发展变化的。随着志愿服务时间的增长，对志愿服务理解感受不同，从事志愿服务的动机也不同，总体上说有一个从浅到深的过程。二是志愿服务动机是多元的，表现为同一个人在同一时期与不同阶段，其动机是多样的，不是唯一的。三是志愿服务受公益组织所形成的文化影响，公益组织的文化越是“纯净”的善文化，越能满足志愿服务者的身心需求，其对志愿者的影响就越大，就越有吸引力。

第七章　老人的身心需求

人口老龄化是当今全球共同关注的民生问题，而中国的老龄化形势严峻。我国老年人人口增长迅速，老年人的未来生活状况究竟是“夕阳无限好”还是“黄昏苦难诉”？目前，我国老年人的晚年生活真的实现“老有所养、老有所医、老有所教、老有所学、老有所为、老有所乐”这六个标准了吗？他们的真实生活现况又是什么样的？要达到这六个标准，还存在怎样的困难与问题？而雨花公益敬老又是如何解决当下部分养老的问题并满足了老人身心的各种需求的？本章对上述问题进行了一定的探索与思考。

第一节　老年人生活现状

根据国家统计局数据，2020 年年末，我国老龄（60 岁及以上）人口达到 2.64 亿人，占总人口的 18.7%。预计到 2050 年前后，老年人口占比将达 34.9%。在严峻的老龄化形势下，依据我国引导老年人安享晚年生活“老有所养、老有所医、老有所教、老有所学、老有所为、老有所乐”的“六个老有”标准，结合老年人的典型群体——空巢老人的生活状况，从“夕阳危机”角度，“夕阳危机”即指老年人在老龄阶段面对的一系列生理和心理危机，对现阶段老年人生活发展现况进行概述。

一、老有所养

早于宋朝的《事林广记》中，便有言：“养儿防老，积谷防饥。”而“老有所养”几乎是所有华夏儿女对自己老年生活的基本期望，在我国，“养老方式”大致有三种，即家庭养老、社会养老和自我养老。①

① 穆光宗．家庭养老走向何方［J］．中国国情国力，1998（11）：15.

1. 家庭养老

家庭养老是主要依靠家庭成员支持的养老方式，表现为家庭成员具有承担养老责任、履行赡养义务的运作方式及文化模式。① 家庭养老是一种制度化的传统，历史悠久，而且在目前以及可预见的将来依然是主流的养老方式。实质上对老年人的生活照顾和服务照料都是由家庭成员来提供和支持的。但随着人口老龄化以及少子化发展，空巢及独居老人占比逐渐提高，这意味着子女的家庭缺位大大弱化了老有所养中子女对老人的陪护照料功能，一旦老年人出现生病等突发情况，很可能得不到及时的治疗与安置。而空巢老人的日常行动能力是老年人正常生活所必需的能力，行动能力的丧失将威胁到老人的生存，可见，"父母在，仍远游"的普遍现象体现家庭养老的功能正在逐步弱化，老人的基本生活难以得到保障。

2. 机构养老

机构养老是指受专业化训练服务、体制建设较为健全，为老年人提供长期居住服务，并满足日常医疗诊治、护理保健、精神慰藉等需求的养老模式。② 根据《2020 年民政事业发展统计公报》，截至 2020 年年底，全国共有各类养老机构和设施 32.9 万个，养老床位合计 821.0 万张，比上年增长 5.9%。其中：全国共有注册登记的养老机构 3.8 万个，比上年增长 11.0%，床位 488.2 万张，比上年增长 11.3%；社区养老服务机构和设施 29.1 万个，共有床位 332.8 万张。而截至 2020 年年底，我国独居和空巢老人已有 1.4 亿左右。由此可见，社会化养老机构服务设施和服务水平大大滞后于养老需求。同时，严妮通过研究发现，现有养老机构存在对老年人的医疗服务关注少、养老机构的服务内容与老年人实际需求不匹配、专业护理知识的人员比例低等问题，③ 可见，机构养老仍存在严重的供需不匹配的问题。

3. 社区居家养老

社区养老是指以居家养老为支撑，在家庭或周边的社区居住，通俗地讲，老年人在白天可以享受社区提供的日间照料或托管服务，与其他老人交流娱乐，晚上可根据需要回到自己家中休息，得到家人的照顾。早在 2013 年 8 月，国务院总理李克强主持召开国务院常务会议时就确定了深化改革加快发展养老服务业的任务措施，提出"2020 年全面建成以居家为基础、社区为依托、机

① 李升，方卓．农村社会结构变动下的孝文化失范与家庭养老支持困境探析［J］．社会科学文摘，2018（04）：58-60.

② 杨椰蓁．"医养结合"模式下养老建筑设计策略初探［D］．西安：西安建筑科技大学，2018.

③ 严妮．城镇化进程中空巢老人养老模式的选择：城市社区医养结合［J］．华中农业大学学报（社会科学版），2015（04）：22-28.

构为支撑的覆盖城乡的多样化养老服务体系”，党的十九届四中全会提出，要“积极应对人口老龄化，加快建设居家社区机构相协调、医养康养相结合的养老服务体系”。各地区从本地区实际出发，因地制宜地进行了一系列的探索，形成了不同的居家养老服务模式，为社区老人提供高效便捷的养护服务。但同时，居家和社区养老服务仍面临许多困境，成海军认为现阶段居家和社区养老服务面临服务项目单一、受益人群少、服务覆盖面较窄、服务经费严重不足、市场化运作环境尚未形成、服务专业人才缺乏、服务设施不完善、优惠政策和配套措施不到位、居家和社区养老服务的社会认同度不够这九大困境，[①] 导致部分地区老年人产生对社区养老服务不满意、体验感差、难以接受“花钱”养老的心理。

可见，在老有所养方面，无论是居家养老、机构养老，还是社区养老，在当下都面临着一定的困难与问题。对日益增加的老年人口，还处于社会主义初级阶段的我国，已经应对不了来势迅猛的老龄问题，远远不能适应老龄社会银发潮的来临，还面临众多的困难与挑战。

二、老有所医

“健康老龄化”是国际社会应对老龄化的重要战略，指在老龄化社会中，使多数老年人处于生理、心理和社会功能的健康状态，同时也指社会发展不受过度人口老龄化的影响。“老有所医”便是实现健康老龄化的基础和前提。在“老年银发潮”的环境下，“看病难”这一矛盾逐渐凸显，据 2016 年 3 月中国人民大学公布的《中国老年社会追踪调查》显示，超过 75%的老年人自报患有高血压、心脏病等慢性疾病；10.54%的老年人为轻度和中度失能；23.8%的老年人存在明显认知衰退的问题。[②] 我国传统的养老模式已经不能完全适应老年人的医疗健康需求，在这种情况下，“医养结合”养老新模式应运而生。[③] 目前，医养结合实现途径大体分为三类：一是养老机构自身开展医疗服务，如内设医务室、护理站、老年病医院等；二是医疗卫生机构与养老机构、社区、家庭等对接，提供上门巡诊、社区护理、健康管理等服务；三是加强老年病医院、护理院、康复医院等机构以及综合医院老年病科的建设，开展养老服务。但是“医养结合”仍面临种种困境：养老机构如果开设医疗机构需要投入额

---

① 成海军．我国居家和社区养老服务的优势与发展对策［J］．社会治理，2019（11）：43-51.

② 尤蕾．探路“老有所医”［J］．小康，2018（10）：60-61.

③ 肖子华，丁佩佩．医养结合：“结合什么”与“如何结合”［J］．人口与社会，2021，37（01）：28-35.

外的人财物力，而公立机构财政补贴捉襟见肘，民办机构养老设施投入已不堪重负，无力配备医疗设施。而优质医疗机构往往处于超负荷运营状态，无法顾及医养结合领域，基层医疗卫生机构自身水平有限，加之其工资及绩效收入主要由财政解决，无生存压力，缺乏医养结合的动力。此外，医疗卫生与养老服务两个体系分别由卫健委和民政部独立管理，涉及资金划拨、用地安排、技能培训等事项又缺乏其他相关部委的政策配合，顶层设计缺失，协调机制不完善。在这种情况下，真正解决老年人看病难的问题还有很长的一段路要走。

三、老有所教、老有所学

“活到老，学到老”“老有所学”和“老有所教”就是党和政府根据时代的发展，对老年人特别是老干部不断进行与时俱进的教育，使广大老干部、老党员保持“政治坚定、思想常新、理想永存”的品格。[①] 2016 年国务院发布《老年教育发展规划（2016—2020 年）》，标志着我国首部老年教育全国性行政法规的诞生。目前我国已经初步形成了老年教育办学机构网络。首先，我国各级政府、有关部门和企事业单位创办了一批老年大学，截至目前，我国老年大学数量已经超过 7 万所；[②] 同时，可供老年人自愿、自主学习、实现共享的学习教育资源线上线下平台的建立满足了不同层次老年人群的学习需要。以社区为载体的社区学习共同体也为老年人提供了学习的良好平台，目前，在北京、南京、郑州、广州、上海、成都等地建立了社区学习共同体区域推进实验基地，如上海已建立各类以老年人为主体的社区学习共同体 30000 多个，杭州有 4000 多个，学共体的类型齐全，丰富多样。[③] 但不可忽视的是，“北京东城区老年大学报名名额遭排队疯抢”等老年大学一票难求的现象层出不穷，体现老年教育市场需求巨大与现实优质教育资源供给稀缺之间的鸿沟。

四、老有所为

退而不休，老有所为。自我实现和尊重需要是马斯洛需求层次论中高层次的需要，当老年人离开熟悉的工作岗位后，往往会产生失落感和无力感。“老有所为”则能为老年人继续实现自我价值提供一个平台，通过参与社会发展，

---

① 薛敏．依据老年人需求实现“六个老有”与“积极老龄化”［J］．边疆经济与文化，2007（09）：54-56.

② 丁红玲，宋谱．困厄与超越：我国老年教育发展的思考［J］．职教论坛，2018（10）：78-82.

③ 张鉴．老龄化社会低龄退休老年人实现“老有所为”对策研究［D］．天津：天津大学，2016.

建立一种新的生活秩序，提升老年人的自我满足感。[①] “积极老龄化”的理念认为，老年群体和其他年龄段的年龄群体在权利上是平等的，因此，不能把老年群体当作可怜的对象，他们同样具备相当大的待挖掘的潜力和价值，通过积极主动参与社会活动，与其他社会成员共同分享发展果实。但在当前，老人想要“有所为”仍然面临认知和途径两个方面的阻碍。

1. “老人不能为”的认知阻碍

就大多数人群视角，老年人都是应该被照顾和保护的弱势群体，在满足老年人需求方面也是注重基本生活的保障而忽略了精神层面的需求，陶琳认为，对“老有所为”认知的偏颇造成了这一部分普通老年人的社会价值受到了忽视，从而限制了全方面“老有所为”活动的开展。[②] 熊慧琦在研究中指出，农村盛行和被广泛接受的老人无用论思想，极易让老人产生自卑感、失落感，不愿意主动学习和参与社会活动，老人精神长期受到压抑，不利于其身心健康。[③]

2. “老人没得为”的途径阻碍

随着时代的不断发展与变革，越来越多的老年人有意愿发挥余热，“老骥伏枥，志在千里”，想要为社会做出一份贡献。刘静在对烟台市老年人“老有所为”意愿调查中发现，在身体健康的情况下，选择愿意“老有所为”的有454人，占总人数的70.93%，可以看出老年人“老有所为”意愿非常强烈。[④] 然而，就目前来说，我国社会体系构建仍旧处于摸索阶段，很多“老有所为”活动的开展路径、平台发展仍旧存在一定的欠缺，就致使老年人无法凭借其自身的优势和能力选择相应的社会活动和参与到相应的平台与组织当中。

五、老有所乐

“老有所乐”是指开展适合老年人特点的文化体育娱乐活动，丰富老年人的文体生活，使他们心情舒畅，幸福地安度晚年。[⑤] “乐”即老年人的积极情感需求，然而，当下老人在情感需求上“身心两空”现象严重，“老有所乐”

---

① 彭萧．论“老有所为”——兼论老年人的社会价值［J］．价值工程，2013，32（31）：303-305.

② 陶琳．促进社会和谐发展的“老有所为”模式研究［J］．文化创新比较研究，2020，4（13）：183-184.

③ 熊慧琦．基于马斯洛需求理论的国家级贫困县留守老人的需求问题研究［J］．当代经济，2019（09）：148-151.

④ 刘静．人口老龄化背景下实现“老有所为”的对策研究——以烟台市为例［J］．长春市委党校学报，2019（05）：55-59.

⑤ 封林宁．“六个老有”内涵浅议［J］．金陵职业大学学报，2001（03）：62-63.

难上加难，具体有以下体现。

1.“心空”——因子女陪伴缺失导致孤独寂寞难以排遣

“少子化”和城市化发展的同时，我国空巢老人家庭比例不断提高，达到总家庭的一半。而空巢老人面临的最大问题是情感问题，而情感问题中最主要的是孤独感。家庭对一个人的影响是深远的，伴侣是老年人共同生活时间最长的陪伴者，子女是老人生活中的期待，而空巢老人，没有子女的陪伴。子女陪伴的缺失是导致老人孤独寂寞的主要原因。《论语·为政》中提到在孔子回答子夏问孝时说道：“色难。有事，弟子服其劳；有酒食，先生馔，曾是以为孝乎?”这段话表达了敬养父母最难的是“以色事亲”，即保证父母精神生活上的愉悦。很多老年人把情感寄托在子女和配偶身上，希望从他们身上得到情感的慰藉和来自社会的温暖和关爱。但是由于子女大部分的时间和精力都在工作上，无暇顾及老人。老人如果在情感需求方面长时间得不到慰藉，他们就会感到孤独和寂寞，心理素质就会下降，自然就会产生消极情绪，从而影响身体健康。因此，要改善老年人孤独的状态，务必优化家庭环境。子女不仅要在物质上满足父母，更要在精神上多关心、多照顾老人。而当下，快速的生活节奏、较高的生存压力，处于“上有老、下有小的”老人子女，更多的是忙于事业打拼，忙于孩子教育，对老人精神上的、心理上的关爱、关心、陪伴都远不够，心有余而力不足。

2.“身空”——社交、娱乐、老年活动单一

老年人参与社会活动与主观幸福感有着重要且复杂的关系，其中重要的一点是，通过参与社会活动，老年人利用自己的社会网络，进而获得了更多的社会支持，特别是情感支持，降低其孤独感，增强生活的勇气。研究指出老年人参加一些社会组织是幸福老人重要的保护性因素，在这些社会团体中，他们能找到志同道合的伙伴，一起为兴趣而生活。① 如果有更丰富的适合老人身心的社交、娱乐、学习等活动，老人会找到适合自己的社会团体，从而得到社会组织的支持。近年来，“广场舞大妈扰民”“老年相亲角挤爆宜家”等新闻层出不穷，追其溯源，在于老年人社交、娱乐需求与社交平台缺乏、老年活动不足之间的矛盾。

---

① 刘礼艳．基于扎根理论的幸福老人心理弹性因素的模型建构［J］．江苏理工学院学报．2020，26（05）：123-128.

第二节 夕阳红霞伴，雨花公益亲

通过上述的文献梳理可以发现，依据我国引导老年人安享晚年生活“老有所养、老有所医、老有所教、老有所学、老有所为、老有所乐”的“六个老有”标准，目前我国老人的养老情况不容乐观，还存在众多困难与问题。针对这种情况，民间力量的加入，比如公益组织的参与，不失为一种有效途径，因为公益敬老的空间更大，普及性更广、受益人群更多。2013 年《国务院关于加快发展养老服务业的若干意见》颁布，明确规定“鼓励公益慈善组织支持养老服务，引导公益慈善组织重点参与养老机构建设、养老产品开发、养老服务提供，使公益慈善组织成为发展养老服务业的重要力量。”紧接着国务院办公厅发布《关于政府向社会力量购买服务的指导意见》。发动社会力量，采取政府资助，提供更多的养老服务以满足老年人的需求，已成为我国政府发展养老服务的重要目标；建立政府购买民间组织养老服务的合作模式，已成为解决我国养老服务供给缺口的重要途径。

马斯洛 1934 年在其所著的《人的动机理论》一书中提出了人类动机理论的核心是人类的需求层次理论。马斯洛需求层次理论解释了人的需求的一般规律，对我们把握人的需求具有现实指导意义。马斯洛认为，人的需求千差万别，但是归纳起来可以分为五个层次的需求，这些需求按照从低到高的顺序依次排列，只有当低层次的需求得到了满足之后才会产生高层次的需求。五个层次从低到高依次为生理需求、安全需求、爱与归属的需求、社交需求、尊重需求和自我实现需求。马斯洛需求层次理论认为：首先，人都具有这五种不同层次的需求。但是人在不同时期对不同需求的迫切程度是不同的。其次，人有两类不同的需求，一类是沿生物谱上升逐渐变弱的本能，我们称之为低级需求或生理需求；另一类则是随生物进化而逐渐明晰的潜能，我们称之为高级需求。再次，只有低层次的需求得到满足才能触发高层次的需求的出现，但是高层次的需求的出现并不会以低层次的需求的消失为代价。最后，不可能满足所有五种需求，比起低层次需求而言，高层次的需求具有更大的价值。

习近平总书记在中国共产党第十九次全国代表大会开幕会上的报告中指出：中国特色社会主义进入新时代，我国社会主要矛盾已经转化为人民日益增长的美好生活需要和不平衡不充分的发展之间的矛盾。我国稳定解决了十几亿人的温饱问题，随着脱贫攻坚不断深入，总体上实现小康，并且将全面建成小康社会，人民美好的生活需要日益广泛，不仅对物质文化生活提出了更高要求，而且在民主、法治、公平、正义、安全、环境等方面的要求日益增长。同时，我国社会生产力水平总体上显著提高，社会生产能力在很多方面进入世界前列，更加突出的问题是发展不平衡不充分，这已经成为满足人民日益增长的美好生活需要的主要制约因素。

在高质量发展、共同富裕建设的新时代中，我国社会秩序良好，人民生活富裕。结合马斯洛的需求层次理论，可以发现当下更高层次的需求，如：爱与归属的需求、尊重需求和自我实现需求显得更加迫切。这对年轻人如此，对老年人更是如此。雨花敬老公益，通过以下的做法在一定程度上满足了老年人的身心需求。

一、提供免费午餐，为老人养胃养身

雨花免费餐厅，为前来的老人提供饭菜，菜品种类繁多、营养丰富、味道良好，主食除了米饭还有红薯、玉米、馒头等。不但为周边老人提供堂食，还为不能前来用餐的空巢老人上门送餐，年复一年。不仅解决了部分空巢老人的基本饮食需求，更让他们感受到人间的温暖，同时传播了公益慈善的力量。

二、“一起吃饭”“一起做事”，为老人建立良好的社会关系

针对身体健康、还有能力的老人，通过参与雨花公益敬老的志愿服务，一起用餐、做事，拓宽了人际交往。通过志愿服务，发挥了自己的价值。突破了“老人不能为”的认知阻碍，打通了“老人没得为”的途径阻碍。也通过志愿工作，得到被服务者的认可、赞赏，满足了被尊重的需要。

针对年龄较大，如 80 岁以上来雨花敬老家园就餐的老人，可以每天一起诵读《弟子规》、餐前一起念“感恩词”、一起吃中饭、一起执行光盘行动。通过这些，老人间的感情也逐渐建立并慢慢加深，也有了新的社交圈、更加“社会化”，而不是待在家里孤孤单单的。

三、“倾听陪伴”，让老人心里有温暖

子女家庭角色的缺位，让老人的陪伴需求日益增长。雨花公益敬老组织推出“倾听陪伴”项目，通过志愿者倾听老人，让老人感受到温暖与爱。雨花公益敬老组织也积极开发运用网络技术，实现远程陪伴。

四、周到礼仪与细心服务，让老人感受到被尊重

义工们每发放完一位老人的饭菜和碗筷后都会向老人 90 度鞠躬并说“您慢用”。收拾碗筷的志愿者被要求：在收拾餐具的时候，如果一桌中还有老人没有吃完就最好不要去收餐，以免让用餐老人有被催促之感。通过这些细节让老人感受到被尊重。

如何让老人从内心感到被尊重、被敬爱。雨花公益敬老组织通过周到的礼仪与用心、用情的服务，来打动老人的心。

五、邀请老人参与“工作”，促进老人实现自我价值

我国素来就有尊老、敬老的优良传统。老年人的尊重与自我实现需求是精神需求的最高层次，但随着年龄的增长却常常被忽视。由于新经济时代老年人在家庭经济、家庭知识、文化等方面失去了以往的地位，致使我国老年人在家庭中的威望大大降低。雨花敬老公益在倾听陪伴时，提倡在与老人聊天之中发现老人“金句”。在对志愿者的培训中，要求志愿者在倾听老人的时候特别记录老人的人生格言与老人阐述的人生道理。这在无形中让老人觉得自己很有价值，对他人有帮助，特别是对陪伴他的倾听者。雨花公益敬老的运行者，还会通过简单的小任务或工作让年龄大的老人参与进来，比如提醒来的人进行拍照测温、一起剥毛豆。通过邀请老人参与，让老人觉得自己被需要，自己有价值。

六、让老人一起“学习”，以养老人之智

雨花餐厅，其餐厅在非用餐时间是闲置的。因此，有的雨花餐厅就利用闲置时段，推出新的爱心公益举措；有的利用老人提前到达的这段时间，与老人一起诵读传统文化经典；有的几乎成为老年活动中心，还举办银龄课堂和老年大学，把附近的老年人组织在一起，可以共同学习和分享传统文化。

笔者对用餐老人也做了随机的访谈，从中可以发现，雨花公益敬老组织，“吃”的不只是一份饭，更是一种身心的满足与精神的愉悦。以下是一对老人夫妇，随机所做的采访，详情如下。

访谈对象：一对夫妻，88 岁的邵爷爷和 84 岁的王奶奶，在浙江杭州吴山雨花敬老家园堂食一年多。

采访者：你们两位来这里用餐多久了？

王奶奶：一年多了，两年不到。

采访者：您来这里用餐方便吗？是坐公交车还是走路过来？

邵爷爷：方便的，坐公交车过来，大概五站，中间换乘另一辆车。

采访者：爷爷奶奶你们怎么想到来这里用餐呀？

王奶奶：我们也是听别人讲的，这里很好的，年纪大了在家里也没什么事情，到这里来很开心，都是老年人，这里的志愿者会给我们唱唱歌、讲讲故事，他们都很有爱心。

邵爷爷：我们在这里生活很丰富，时间也过得很快。

采访者：奶奶您精神状态挺好的，您平常在家自己烧饭吗？

王奶奶：两个人有时会烧饭。

采访者：那您怎么会想到来这里用餐呢？

王奶奶：一个呢，因为我的身体不好，有毛病，有一点的焦虑症，平常睡觉睡不好，经常心绪不宁、心情不好。到这里来就很开心，能把一些不开心的事情忘掉，心情也好起来了，大家在一起也很开心的。

采访者：爷爷您是不是也是这样的情况呢？

邵爷爷：我是陪她过来的。

王奶奶：我们到这里来人很多，从前大概有一百多人，疫情开始之后83岁以上的才能过来，从前是四人座，现在改成了两人座。

采访者：那您到这边来主要是参与这边的一些活动，您觉得这边的活动怎么样呢？

王奶奶：我们来这里就是找开心，找快乐，这边的老师很好，员工的态度也很好。时间过得很快，在家里就是看电视，没有事情做，就很容易东想西想。在这里时间待久了，天天吃饭，大家也都认识了成了朋友。有时候不来这个大家庭，没事情做就觉得时间过得很慢。来到这里有时也会有年轻的志愿者跟我们说说话、聊聊天、做游戏，生活又丰富又有规律。

邵爷爷：这里的义工都很好的，我们一进来，他们一见到我们就向我们行礼，爷爷好奶奶好，很亲切，坐好以后呢，还给我们倒开水，也会跟我们讲讲话。

采访者：那我大致明白了，那你们以后也会继续来吗？

王奶奶：家里有事情的话就不来，或者是生病了发生特殊的事情也不会来，但一般都会来的。

采访者：好的那我知道了，谢谢爷爷奶奶能跟我分享这些。

王奶奶：老师和同学们为什么想采访我们两个？

采访者：因为我看见你们是一对夫妻，（邵爷爷补充道：这里有好多的夫妻。）

采访者：因为我对这里也不熟悉，前面两个爷爷都是一个人，所以我想的是你们这对夫妻具有一定代表性，想做一个采访。跟你们聊天也很开心，我也学习到很多。特别是爷爷还是为了陪奶奶专门过来，我觉得非常难得，特别让我感动，谢谢你们。

第三节　本章小结

习近平总书记说过："尊老敬老是中华民族的传统美德，爱老助老是全社会的共同责任"，在人口老龄化的严峻形势下，老人们面临着来自身体和心理两方面的"夕阳危机"，而如何真正让每一位老人做到"六个老有"，满足老年人的身心需求，需要社会多方的长期努力。雨花公益敬老组织，通过"多元合力"，汇聚了来自政府、子女、志愿者、企业家等各行各业的人士的力量，在老有所养、老有所医、老有所教、老有所学、老有所为、老有所乐五个方面为"夕阳危机"做出了一定的突破与创新。

第八章　老人的“数字”鸿沟

随着中国互联网、大数据、人工智能等信息技术快速发展，智能化服务得到广泛应用，深刻改变了生产生活方式，提高了社会治理和服务效能。但同时，我国老龄人口数量快速增长，不少老年人不会上网、不会使用智能手机，在出行、就医、消费等日常生活中遇到不便，无法充分享受智能化服务带来的便利，老年人面临的“数字”鸿沟问题日益凸显。本章从老年人智能化的已有研究出发，结合雨花敬老公益开展的“智慧敬老”，为帮助老人跨过“数字”鸿沟提供参考与实践。

第一节　老人“数字”鸿沟现状

一、跨“数字”鸿沟是老年人主观幸福感与客观身心健康的重要举措

关于互联网使用与老年人主观幸福感及客观身心健康，许多研究表明前者与后二者之间存在正向关系。王静在其硕士学位论文《互联网持续使用行为与老年人主观幸福感的关系研究》中从健康状况、社会支持、自我效能感三个领域阐述互联网在老年人日常生活领域所起的积极作用，① 具体如下。在健康状况领域，老年人可通过互联网健康知识的获取提高健康水平，并在使用互联网的过程中降低孤独感、与社会保持联系中提高主观幸福感。汪连杰基于2013年的中国综合社会调查（CGSS）数据，分析发现互联网使用对老年人身心健康具有明显的提升作用，使用互联网的老年人比不使用的老年人生理健康

---

① 王静. 互联网持续使用行为与老年人主观幸福感的关系研究［D］. 合肥：合肥工业大学，2020.

和心理健康分别提高31.9%和18.8%。[①] 互联网是维持老人社会关系和参与社会活动、获取社会支持的重要方式与途径。甄月桥等在研究中指出，老年群体得到的社会支持越多，其承担的心理压力就越小，心理健康水平就越高。[②] 因此老年人可通过参与正确的互联网活动与交往，获得更多的社会支持。对互联网与老年群体之间的关系，王静有研究表明老年人可以通过互联网渠道学习新的技能，提升他们的信息认知和辨别能力，进一步提升他们的自我效能感。[③] 由上述可见，跨“数字”鸿沟是助力老年人生活幸福、身心健康的重要途径。

二、老年人学习互联网渠道单一、身体素质下降、信息素养缺乏等是造成“数字”鸿沟的主因

根据国家统计局数据，截至2019年年底，我国60岁及以上人口已达2.54亿人，占总人口的18.1%。而据第46次《中国互联网络发展状况统计报告》显示，截至2020年6月，我国60岁及以上手机网民约为0.96亿人，这就意味着超1.5亿老人没有接触过网络。[④] 家庭成员离老年人最近、和老年人最亲，是老年人最信赖的人。在帮助老年人适应、融入智慧生活方面，具有不可替代的作用和无可比拟的优势。因此，空巢、独居老人家庭子女家庭角色的缺失是阻碍老年人学习、融入智慧数字生活的重要原因。韦大伟在研究中指出当前互联网建设环境并没有照顾到老年人群体，目前网上专门针对老年网民设计较少。[⑤] 关于老年人网站主要有三种：老年相关机构或组织的网站、民营性质的老年网站、老年网民制作的个人网站，其无论在网站数量还是信息数量及质量上，老年网的专业化程度都亟待提高。[⑥] 此外，老年人的身体素质和信息素养的不足也成为当下老年人困于数字鸿沟的重要原因。白卫勤在《基于互联网思维下老年人生活方式与服务需求研究》中指出，调查对象使用手机方面，

---

① 汪连杰．互联网使用对老年人身心健康的影响机制研究——基于CGSS（2013）数据的实证分析［J］．现代经济探讨，2018（4）：101-108.

② 甄月桥，郭潇谊，朱茹华．老年人社会支持、心理资本与心理健康关系研究［J］．浙江理工大学学报（社会科学版），2021，46（1）：73-81.

③ 王静．互联网持续使用行为与老年人主观幸福感的关系研究［D］．合肥：合肥工业大学，2020.

④ 冯雅君，马源．当老龄化遇到智能化：如何助老人跨越数字鸿沟［N］．中国城市报，2021-01-25（004）.

⑤ 白卫勤．基于互联网思维下老年人生活方式与服务需求研究［D］．齐齐哈尔：齐齐哈尔大学，2016.

⑥ 韦大伟．数字鸿沟视角下的中国老年人互联网使用障碍研究［D］．武汉：武汉纺织大学，2012.

60~65岁是使用智能终端的主要群体，高于65岁以上使用智能终端的对象逐渐减少。[①] 由此数据显示，有活力的老年人，其接受和使用互联网终端占比较高，但随着年龄增长老年人对高科技的东西有一种惧怕心理。但网络世界变幻多端，也有许多不法分子利用老年人信息鉴别能力弱的缺点，实现盗取信息牟利的违法行为，北京大学—香港理工大学中国社会工作研究中心项目主任闫芳表示："老年人信息鉴别能力弱，为老年人设计的应用里出现买会员、交年费这样的图标或广告，很容易造成诱导消费或者失误消费。"这又进一步造成老年人对网络的恐惧心理。

三、老年人群在信息化浪潮中"数字"鸿沟问题日益凸显

近日，一段"老人无健康码乘地铁受阻"的视频在网上热传，引发公众对于老年人遭遇"数字"鸿沟窘境的热议。[②] 当前，老年人"不会用""不敢用""不想用""不能用"互联网和数字产品的问题突出，难以共享出行、就医、社交等方面的数字化便利红利。张乐在研究中指出当前老年人面临网上预约难、移动支付难、便捷出行难、便民服务难等由于老年人"数字"鸿沟造成的多方难现象。[③] 天津社会科学院社会学研究所所长张宝义在接受《半月谈》采访时表示："老年人长久以来习惯的现金购物、排队挂号、在窗口购票等生活方式，之前尚能维持，疫情出现后，服务业窗口作用削弱，为减少接触改为线上服务，点餐、挂号、政务……不少老年人懵了，跟不上社会变迁的节奏，在'数字化生活'中被'代沟式'淘汰。"可见，老年群体中日益凸显的"数字"鸿沟困境对老年人正常生活产生了巨大的负面影响。

从上述的研究可以发现，随着老龄化社会的到来，不但很多老人的相关产业没有开发，在学术方面的探讨与研究也很少；现实生活中针对老人的智能化考虑更是少之又少。总之，互联网、信息化技术、人工智能方面的运用，对老人的身心健康都有很大的帮助，但是现实生活中很多老年人存在着"数字"鸿沟。

---

① 汪连杰. 互联网使用对老年人身心健康的影响机制研究——基于CGSS（2013）数据的实证分析［J］. 现代经济探讨，2018（4）：101-108.

② 赵丽，李杨红. 不会操作智能手机给生活带来不便　数字产品未兼顾诉求增加触网负担　老年人"数字化生活"现状调查［J］. 决策探索（上），2020（10）：24-25.

③ 张乐. 助力"银发族"乐享数字生活　构建共建共融共享的老年友好型社会［J］. 中国社会工作，2020（29）：33.

第二节 雨花敬老公益助老人跨“数字”鸿沟

为进一步推动解决老年人在运用智能技术方面遇到的困难，让老年人更好地共享信息化发展成果。政府不断出台政策，持续关注老年人。2020 年 11 月，国务院办公厅印发《关于切实解决老年人运用智能技术困难的实施方案》。该方案指出：以习近平新时代中国特色社会主义思想为指导，全面贯彻党的十九大和十九届二中、三中、四中、五中全会精神，认真落实党中央、国务院决策部署，坚持以人民为中心的发展思想，满足人民日益增长的美好生活需要，持续推动充分兼顾老年人需要的智慧社会建设，坚持传统服务方式与智能化服务创新并行，切实解决老年人在运用智能技术方面遇到的困难。要适应统筹推进疫情防控和经济社会发展工作要求，聚焦老年人日常生活涉及的高频事项，做实做细为老年人服务的各项工作，增进包括老年人在内的全体人民福祉，让老年人在信息化发展中有更多的获得感、幸福感、安全感。

该方案提出七项重点任务，其中就包括以下三项：做好突发事件应急响应状态下对老年人的服务保障、便利老年人使用智能化产品和服务应用、便利老年人文体活动。该方案提出的目标是，到 2022 年年底前，老年人享受智能化服务水平显著提升、便捷性不断提高，线上线下服务更加高效协同，解决老年人面临的“数字”鸿沟问题的长效机制基本建立。雨花敬老公益作为现代化公益敬老组织，在智能技术设计方面，充分考虑了老年人的需求和痛点，最大化地解决老人“不敢用”“不会用”的问题。

一、雨花敬老公益智能化的总体设计

实现双向敬老。一方面让老人随时随地感受智能的便利，享受安全的监管；另一方面让子女实时了解到老人的状态，及时看望老人，让志愿工作者了解老人的状况，从而实现老人在遇到紧急情况时“一呼百应”。该功能主要通过设计智能化产品“小敬”来完成。

“小敬”功能的实现过程，详见第三章智慧敬老模式即“雨花 5.0”的介绍。总之，雨花敬老家园组织期待通过智能化设备不但助老人跨越“数字化”的鸿沟，还实现家家敬老。

二、雨花公益敬老目前已在运用的智能化服务

截至目前，雨花敬老组织已实现了以下的智能化服务。①家园主页二维码。该二维码对应的“家园主页”是面向社会公众展示家园整体情况的窗口，里面不仅有家园的服务数据和资讯，而且有合法合规的定向捐赠链接。通过家园主页还可以看到全国其他雨花敬老家园的情况，社会公众、在外地工作的子女可以方便快捷地关注敬老家园的情况。②“想见就见”人脸识别互动屏。人脸识别互动屏可以识别登记过的老人和志愿者。老人方面，不仅可以测出老人的体温，而且会将采集的服务数据传递到儿女手机、数据大屏等多个端口，识别完成时还有儿童智能语音播报的问候语，让老人感到温暖、安心；志愿者方面，互动屏会及时记录志愿者的公益时数，不断反馈的志愿者时数，让志愿者获得更多的成就感，同样它也有智能语音问候功能，让志愿者感觉更加亲切。该设备为安卓系统，后期将支持亲情互动，老人不需要复杂的操作，就可以与使用移动端程序的儿女、志愿者进行亲情互动。③“雨花敬老”小程序。该程序是专门供志愿者使用的，现有身份认证、送餐记录、菜品上传、报餐统计、亲情谱记录等功能，让敬老家园的服务更加便捷化。④雨花智能站点设计。主要有数据大屏和笑脸墙两块主要内容。数据大屏里面有实时公示的雨花公益财务数据，公开透明，方便政府部门监管，还有环保、节约粮食等社会效益的可视化呈现。笑脸墙是雨花敬老家园的集体相册，承载了家园的美好记忆，还有各地家园上传的菜品照片。⑤雨花·电信敬老家园 iTV 电视机顶盒。雨花公益平台与中国电信合作开发的助老版机顶盒，在正常电视节目的基础上，增加了专门的雨花敬老内容，如“雨花助餐”“亲情通话”“生命学堂”等。老人在家中，可以通过电视满足点餐、和子女视频通话、学习老年课程等需求。所有的设计都是将操作越来越简单化，为老人服务，对老人负责。总而言之，雨花公益平台的智能设计考虑到了老人、子女、志愿者以及政府，让老人安心、子女放心、志愿者开心、政府宽心。

三、雨花公益敬老智能化服务的运用效果

在志愿服务的智能化方面，截至 2021 年 2 月 28 日，全国共有 88 家雨花敬老家园使用智慧雨花服务系统。系统实名登记志愿者 2 575 人，实名登记老人 3 541 人。系统记录的累计志愿服务受益人次达 508 万人次，累计志愿服务 71 万人次。累计公益时 2 230 万小时。累计供餐 543 万份，累计送餐 17 万份，系统记录的全国雨花敬老家园送餐服务小区达 303 个。全国已有 15 家雨花敬

老家园安装了公益基金捐赠的“想见就见”多功能设备，每天为几百位义工和老人检测体温、记录义工公益时间和老人往返时间。目前，有近 20 家雨花敬老家园安装了雨花电信 iTV。还有近 20 位老人或志愿者家中安装了雨花电信 iTV。雨花电信 iTV 具有视频通话、家庭相册、家园直播、志愿文化等多个功能模块，能够满足志愿者学习和老人亲情陪伴等需求。雨花敬老业务端小程序现有注册用户 627 位。每天有 10 家左右的敬老家园通过雨花敬老小程序记录送餐台账，日均送餐台账约 425 条。每天有 28 家左右的敬老家园通过小程序上传菜品。智慧雨花系统家园主页每周更新，主页资讯单篇阅读量最高达 1 901 次。家园主页“爱心捐赠”按钮跳转到的雨花敬老家园专项基金累计接收捐赠 33 563. 66 元。

从中可见，雨花公益敬老智能化服务的运用，不但方便了老人，也方便了雨花平台的管理，以及让外界更及时更多地关注雨花敬老组织平台。

第三节　本章小结

随着“互联网+”及信息化社会的发展与普及，大多数人在享受着数字化生活便利与快捷的同时，老年人群体却在互联网大潮中迷失，当老龄化碰上数字化、智能化，如何减少老年人互联网负担与焦虑，跨越“数字”鸿沟，成为我们应共同思考的问题和改善的方向。对此，智慧雨花始终本着家家“暖巢”的初心，在充分考虑老年人的需求和痛点基础上紧跟互联网大潮，在雨花服务系统的细微之处展现“便而不繁”，这不仅仅是智能设备的连接，更是爱与关怀的连接，由此助力老人跨越“数字”鸿沟，在面对信息化社会时多一份从容与自信，跟家人与社会多一份连接，在紧急情况下能得到及时、方便的救助。

第九章　公益敬老文化

第一节　中国传统敬老文化

敬老意识的萌发及其文化形成源远流长。孝亲敬老这一具有显著中华民族特点的意识起源于古代原始社会的最后一段时期，其在经历了奴隶时代，在封建社会发展的前期阶段，已经形成了较为完整的话语体系。

孝亲敬老历久弥新，对我国古代政治、经济以及文化等各方面的发展都有着至关重要的作用。需要指出的是，在我国孝亲敬老文化当中，其所展现的道德价值、伦理理念以及对心理和情感的作用等方面沿用至今，其已转变为我国家庭养老领域的道德基础、社区养老环节的精神动力源头以及机构养老的人文关怀内核，也是现当下具有时代发展特色的孝亲敬老的关键组成部分。需要指出的是，孝亲敬老文化的传承和创新在很大程度上有利于家庭和社区的整体建设，有助于更为正向的家风、民风以及社会风气的树立。

一、源远流长——敬老文化的起源

问渠那得清如许，为有源头活水来。敬老作为中华民族传统美德的重要组成部分，无论是最初敬老现象的产生还是敬老习俗及文化的形成都有着悠久的历史。敬老受到社会物质条件的制约，与社会生产力的发展密切相关。因此，顾京麟认为中国敬老现象始于社会生产力发展、个体婚制组成的家庭出现的原始社会末期，并在敬老现象萌生之后，敬老风气逐渐形成。[①] 在原始社会时代，人们通常会通过推选的方式让那些具有良好道德品行并且在当地有一定声

① 顾京麟．略论中华民族的敬老美德及其形成［J］．苏州大学学报（哲学社会科学版），1993(03)：53-57.

望的人成为一个部落的首领。并且，在我国各类神话故事当中，诸如伏羲氏作八卦，神农氏尝百草，燧人氏钻木取火等内容中均涵盖了尊敬老者，敬重智者这样的思想观念。需要强调的是，在父系氏族社会建立之后，“父权制”进一步加强了传统的敬老之道，并逐渐形成了中国传统道德的核心。[①] 除此之外，周予同先生也曾强调：“孝的产生正是导源于先民的生殖崇拜和祖先崇拜。”[②] 另外，在古籍《大戴礼记·礼三本》中有言：“先祖者，类之本也。”人类的先祖在本质上是人类得以繁衍生息的根源所在。“无先祖焉出”其含义为，如果先祖不存在，那么子孙也就不存在，这也表明长者开始出于血缘的原因被氏族中各位成员真正尊敬。[③] 可见，孝亲敬老意识最初是对有威望的长者或祖先的崇拜敬畏心理，逐渐演化为一般意义上尊老敬老的道德风尚。

二、养老孝亲——家庭敬老社会尊老

1. 至亲有养，体养为基

敬老养老活动从本质上来说乃是一种肇端于天然血缘亲脉的伦理活动，它简单地体现在家庭中子女对老人日常生活、衣食住行的照顾和料理。[④] 因此，“体养”即最基本的敬老要求。不仅如此，至圣先师孔子曾在《孝经·庶人》当中明确表示：“用天之道，分地之利，谨身节用，以养父母。”此外，在他弟子整理编撰的《论语·学而》中也要求“事父母，能竭其力。”除了孔子，同为儒家学派的伟大哲人孟子在《孟子·离娄下》中将在物质上对自己的父母侍奉当作孝敬老人这一道德范畴中最为根本的依托，孟子还将五种世俗意义上的不孝行径具体罗列了出来，例如，“世俗所谓不孝者五：惰其四肢，不顾父母之养，一不孝也；博弈好饮酒，不顾父母之养，二不孝也；好货财，私妻子，不顾父母之养，三不孝也。从耳目之欲，以为父母戮，四不孝也；好勇斗狠，以危父母，五不孝也”。《孟子·离娄下》说的都是不履行赡养父母之责。[⑤]

不仅如此，古代对赡养父母在衣食细节等方面也有具体规定，需要指出的是，在《礼记·王制》当中，针对孝亲敬老还有这样的细则：“五十异，六十

① 王志芬．浅析中国古代的尊老养老体制［J］．学术探索，2003（07）：53-56.

② 秦海滢．传统孝文化的传播与外延——以明代山东为研究对象［J］．济南大学学报（社会科学版），2006（01）：63-67.

③ 陈谷嘉．孝与中华民族敬老、爱老的传统美德——儒家孝文化软实力研究［J］．湖南大学学报（社会科学版），2011，25（02）：112-116.

④ 王晓娟．明清时期苏州地区的敬老养老文化［D］．南京：南京师范大学，2015.

⑤ 顾京麟．略论中华民族的敬老美德及其形成［J］．苏州大学学报（哲学社会科学版），1993（03）：53-57.

宿肉，七十贰膳，八十常珍，九十饮食不离寝，膳饮从于游可也。”其具体的意思说的是，从父母年岁达到50岁时就应该注意为他们准备精粮，而不是与做子女的自己一同吃粗粮；而在他们到60岁的时候，吃的每顿饭就必须要求有肉食；来到70岁，还应该在每顿饭中配有非常精致的副食；80岁后仍要常喂他们宝贵并且稀有的饮食，以补充他们的身体所必需的营养；在父母最终到达90岁时，就必须为老人随时随地供应吃的和喝的。就穿着这一层面而言，《礼记》中是这样记述的：“七十非帛不暖，八十非人不暖，九十虽得人不暖矣。”因此，70岁以上的人应该穿丝绸和毛皮衣服。80岁以上的老人即使穿丝绸和毛皮衣服也得不到温暖，所以他们不得不依靠孩子来寻求温暖和照顾。① 可见，体养作为物质方面的保障，自古以来就是敬孝的重要组成部分。

2. 纳敬入孝，敬孝合一

体养层面的孝仅仅是最基本的生活保障，古人对尊老敬老的精神层面同样具有较高追求。敬亲的要求是子女能孝敬和敬爱他们的父母。“敬”这一行为需要真切地发自内心地进行情感的表达，因此敬亲在本质上属于源于内心的一种尊敬之情。② 而就“孝”而言，其精神方面的本质内核究其根本也为“敬”。孔子在回答其弟子子游何谓孝道这一问题时明确表示：“今之孝者，是谓能养。至于犬马，皆能有养，不敬，何以别乎?”（《论语·为政》）在孔子看来，敬养父母最难的是“以色事亲”，保持父母精神上的愉悦。③ 不仅如此，孔子还把“敬”的主要表达形式整理成下面这两个方面：第一是孝顺，顺的意思是顺从，对父母应做到尽心照顾和赡养。除此之外，孔子将这层含义叫作“无违”。第二，对待父母必须做到和蔼可亲，心中应该永远想着他们。子女在侍奉父母的过程中，应该时刻保持和蔼、愉快的作风和态度。④《礼记·内则》记载，曾子曰：“孝子之养老也，乐其心，不违其志。乐其耳目，安其寝处，以其饮食忠养之，孝子之身终。”曾子主张通过各种方式或渠道，使老年人通过其所见、其所闻，满足其精神需求。⑤ 由此可见，在这种意义上，古代对“色养”“敬亲”的推崇与当代老年人老有所乐的追求具有共通之处。

然而，强调顺从、尊敬父母的同时，孔子并不认为盲目顺从等愚孝行为是敬孝。在《论语·里仁》中还有这么一句话“子曰：‘事父母几谏，见志不从，又敬不违，劳而不怨’。”需要指出的是，文中的“几谏”指的是如果父

① 王志芬．浅析中国古代的尊老养老体制［J］．学术探索，2003（07）：53-56.

② 王晓娟．明清时期苏州地区的敬老养老文化［D］．南京：南京师范大学，2015.

③ 李永芬．当代中国敬老伦理及其培育研究［D］．长沙：湖南师范大学，2017.

④ 李冬梅．中国传统孝忠观念的历史演进及其现代转化［D］．哈尔滨：哈尔滨工业大学，2008.

⑤ 陈昫．系统论视角下的敬老文化与精神养老［J］．老龄科学研究，2014，2（11）：61-69.

母犯了错，作为子女需要采取委婉的语气对其劝谏，此外还应该侧重于对时机进行观察，并且选取合适的劝谏形式，最大限度地做到对“敬”的原则的遵从。不过，即使父母不接受自己的观点，也要尊重、不违背父母亲的意志，虽然悲伤难过但不要憎恶。需要指出的是，孟子在《孟子·告子下》曾强调：“亲之过大而不怨，是愈疏也……愈疏，不孝也。”由此可见，孟子也认为，孩子如果不抱怨、不劝诫，甚至盲目服从父母的错误和违反道德的行为，就是不孝。此外，荀子曾表示：“孝子所以不从命有三：从命，则亲危，不从命，则亲安；孝子不从命乃衷。从命，则亲辱，不从命，则亲荣；孝子不从命乃义。从命，则禽兽，不从命，则修饰；孝子不从命乃敬。故可以从而不从，是不子也；未可以从而从，是不衷也。明于从不从之义，而能致恭敬、忠信、端悫以慎行之，则可谓大孝矣。”（《荀子·子道》）荀子的看法是，如果顺从父母之命会为他们招致危险，而不顺从父母之命能让父母平安、荣耀以及符合礼法时，孝顺的子女就不该服从双亲之命。这一观点表明，孝子在听从父母命令之前必须好好考虑，一切应该基于对父母和家庭利益的维护，如果有必要，应该劝谏父母。由此，这种不盲目顺从父母的谏亲思想是对正确敬亲的补充与发展。

三、孝越于亲——社会敬老

《孝经》依据人的社会政治地位的差异，将孝顺的人大致分成了五个不同层级，也就是“天子之孝”“诸侯之孝”“卿大夫之孝”“士之孝”以及“庶人之孝”，需要指出的是，由于身份地位的差异，对孝的具体要求也不一样，“孝”不仅仅指的是孝亲，还涵盖了对非血亲老人需要尽到孝道。针对这一思想，孔孟二人也展开了更为详细的叙述。孔子认为：“人不独亲其亲，不独子其子，使老有所终，壮有所用，幼有所长，矜、寡、孤、独、废、疾者皆有所养。”（《礼记·礼运》）孟子持有相同的观点，也就是“老而无妻曰矜，老而无夫曰寡，老而无子曰独，幼而无父曰孤。此四者，天下之穷民而无告者，文王发政施仁，必先斯四者”（《孟子·梁惠王下》）。其建议为鳏寡以及膝下无子女的老人提供更多关照，并且通过各种礼遇尊重社会上的老者。

除了要对社会上的老人特别是身残志坚的孤寡长辈给予物质上的养育扶持外，同时要对社会老者待以礼遇尊敬。对此，孟子做出了简单的说明，“老吾老，以及人之老，幼吾幼，以及人之幼”，孟子认为别人的父母也就是自己的父母，要像尊敬自己的父母一样尊敬别人的老人。元代理学家许谦在《读孟子丛说》中指出：“人既我同类，其好恶不殊，所施之不过己之所好所恶者及之而已。”许谦认为无论什么人都与我同类，尊敬自己的父母，理所当然地要推及孝顺他人的父母。许谦以“同类”消融了亲疏的界限，消融了血亲关系对“孝”的限制。正是敬老的社会化过程，使敬老从维护家庭内部伦理关系的意义上升到促进社会和谐发展的国家治理层面的意义。

第二节　敬老文化研究现状

敬老文化是中华优秀传统文化的重要组成部分，也是当今和谐社会建设、党的十九大报告所提出的构建养老、孝老、敬老政策体系和社会环境建设的重要环节。随着“银发浪潮”的来袭、老龄化程度进一步加深，如何妥善处理代际关系与老龄化所带来的种种问题成为社会各界关注的焦点，对此，许多学者将着眼点置于中华优秀敬老文化上，以期在挖掘中华优秀传统文化的同时对处理现实老龄化问题有所借鉴。

总体来说，有关尊老敬老的文献较为丰富，但多聚焦于中国古代的敬老制度、敬老风俗及敬孝的演变。将中国古代尊老养老体制作为研究对象的学者王志芬指出，尊老养老这一观念的树立非常漫长且久远，由于父系制氏族社会的建立，传统的敬老之道被“父权式宗法”所加强，并伴随着中国封建时代的儒学传播，逐渐形成了中国传统道德的一个重要内容，从而构筑起一系列将家庭养老作为主体，家庭孝亲、社会尊长以及国家尊养这三种不同形式齐头并进的尊老体制。①

在国家统治阶层的政治制度规范与儒道家敬孝道德的传播下，敬老逐渐成为一种社会风俗与基本伦理，在文化风俗层面，学者们主要着眼于敬老风俗的产生、演变及具体内容。学者李岩指出，我国的尊老观念大体在尧舜时期成型，历经夏朝和商朝的不断发展和进步，在西周时走向健全，从此我国大地上的尊老礼制就此建立，周王朝崇尚长者的风气，其根源在于父权农耕和礼仪文化。② 顾京麟认为，中国敬老现象萌生于原始社会末期，敬老风俗、敬老礼仪、敬老诗歌等记载了敬老现象产生初期的敬老风俗。③ 近年来，有关传统优秀敬老文化的传承创新以及将敬老文化与当代现实问题相结合的研究逐渐增加，孝敬老人是宝贵的人文精神资源，具有无限的生机和活力，可以让中国人

① 王志芬. 浅析中国古代的尊老养老体制［J］. 学术探索，2003（07）：53-56.

② 李岩. 近二十年来中国古代尊老养老问题研究综述［J］. 中国史研究动态，2008（05）：8-14.

③ 顾京麟. 略论中华民族的敬老美德及形成［J］. 苏州大学学报（哲学社会科学版），1993（03）：53-57.

民的生活更加美好。但时至今日，孝老敬老的文化传承出现断裂危机，不利于营造尊老、敬老和爱老的整体社会氛围，在很大程度上对实现养老发展的预期目标产生了消极作用。秦安兰指出当代敬老文化传承与创新所面临的几个困境：一是老年人地位由权威转变为弱势；二是社会压力下子女的敬老意愿难以达成，传统敬老观念淡化；三是敬老礼俗淡化，敬老制度不健全。[①] 瞿容指出我国虽然有着悠久的敬老文化传统，当今社会的敬老风尚也在不断演进，但敬老文化建设仍然遇到了一些问题：重物质轻精神、重身后厚葬轻生前厚养、重幼轻老等。[②] 为促进传统优秀敬老文化的创新性传承与转化，学者主要从精神、政策制度、教育宣传、导向引领等方面出发，综合社会、家庭和老年人自身等方面共同发力，以促进老年人的健康养老、价值实现以及孝亲敬老文化的弘扬。秦安兰基于需要层次理论提出：增权赋能，鼓励老年人参与社会，满足其高层次需要；完善敬老激励机制和保障机制，满足子女、家庭敬老的多层次需求；推崇感恩教育，塑造认知老年人新视角，培育敬老文化。瞿容提出以下几个方面的建设：加强敬老精神文化的建设、加强敬老文化制度的建设、加强敬老物质文化建设、加强敬老行为文化建设。

综上所述，聚焦于古代敬老文化的研究较为丰富，将敬老与现实问题相结合的文献也日益增多，但在敬老领域，将敬老文化的实践、转化、创新相结合的研究仍为数不多，由此，雨花公益敬老组织对敬老文化的实践与创新，具有丰富理论和现实借鉴的双重意义。

第三节　雨花敬老文化的内容

一、雨花敬老文化的初心

雨花敬老公益文化，是集传统敬老文化、家文化为一体的具有教化导向的文化。经访谈了解，该取名的由来是：无论是“上善若水”，还是“清泉石上流”，都体现一个“净”字，体现了雨对我们的净化与归善功能。此外，中华

---

① 秦安兰. 需要层次理论视域下敬老文化的发展困境及其纾解［J］. 老龄科学研究，2015，3（04）：71-80.

② 瞿容. 加强我国敬老文化建设的对策探讨［J］重庆行政（公共论坛），2016，17（05）：100-101.

文化有“金木水火土”五行，水克火，而“雨花”，雨不灭火，花也难成，所以有希望能去除心中暴躁、烦乱之“火”，而得祥和与宁静之心。此外，花的生长发育无法离开生命之源——水，这就暗含着感恩的思想，饮水思源，慈乌反哺，老吾老（以）及人之老，我们的根是雨，是生命的源泉、是父母、是祖先、是祖国，这就要求我们怀有感恩思想、孝敬父母、敬爱老人、热爱祖国、回报社会。至于“文化”，这里的文化不仅仅指一种相较于经济政治而言的精神活动及其产物的概念，而是从生到死的变化称为化，因此，文化能使我们从愚昧到智慧，使我们有善心、善念、善行，所以这个化是指化解、化导。以上就是雨花斋文化取名的缘由，其具体涵盖以下内容。

二、雨花敬老文化的核心理念

敬老是中华民族“敬德”的集中表现。所谓“敬老”，是指人们对自己的长辈和社会中的老年人在实行赡养、扶助的基础上所形成的一种尊重老年人人格尊严、敬重其精神价值和伦理智慧的态度和行为现象。[①] 雨花的敬老文化以中华优秀传统文化为根基，不仅仅停留在敬老理论的传承与弘扬上，更是用实际行动来传承和落实我们的文化，用实践将敬老传统融入现实的公益服务当中去，在新时代将其发扬成公益敬老精神。乡情中心、同心倾听服务站、含山月养老院、智慧雨花和雨花敬老家园等，就是在这样的精神指引下创造的公益项目，逐渐形成了具有创新性和创造性的雨花敬老文化。目前，雨花敬老文化的核心主要有三点。

1. 老人是宝

中国人常说：树高千尺不忘根。文化是由古至今、自上而下传承而来的，老人是我们的来处，是我们的源头。孔子说：“今之孝者，是谓能养，至于犬马，皆能有养，不敬，何以别乎？”雨花敬老文化的核心就在于一个“敬”字。老人是宝，宝在为人“父”，宝在为人“师”，宝在为“圣贤”，具备圣贤的品质。老人是我们人生的福田，从中国传统文化中的“悲田、敬田、恩田”入手；悲田，老人引发我们对生命的思考，启发我们的慈悲心；敬田，父母是我们的第一位老师。恩田，养育之恩。

在落实敬老文化时，以健康饮食作为切入点。所以，在第一阶段雨花公益敬老推广的是21世纪健康饮食的理念；第二阶段我们的发展诉求是敬老。最关键的是引导大家重新认识老人和重视老人，真正认识到“老人是宝”。并且不断用行动传递我们的理念，比如“老人为什么是宝”“如何才是真正的敬老”等。

---

① 李永芬．当代中国敬老伦理及其培育研究［D］．长沙：湖南师范大学，2017.

2. 人人为老，老为人人

雨花敬老文化的第二大核心理念就是“人人为老，老为人人”。因为老人是宝，无论是老人照顾老人、年轻人照顾老人，还是老人接受照顾，都体现了“宝”的珍贵价值。既然老人是宝，怎么能不为“你”呢？怎么能不为“人人”呢？这就是自然而然的结果。

“人人为老，老为人人”的价值理念，包含很深的寓意。老人活着就在为他人，不是为自己。事实上，老人最后的生命也全在为儿女考虑。老人传家，老人传道，老人传宝，就在为后人用心着想。不管老人出现什么问题，都推动了社会的进步与发展，比如，老人病“帕金森”促进了医学对该疾病的研究与认识；老年慢性疾病，比如血糖等问题的出现，促进了中国乃至世界医学的不断进步与发展……老人活着，就是在为人人。“老为人人”就证明了“老人是宝”，“人人为老”是“老为人人”自然的反馈和结果。

3. 养儿为老，敬老为国

该雨花理念与另外两条核心文化理念是相通的。因为老人是宝，就只有感恩。因为老人是我们生命的来源，不能有交易。这三句是前面逐条的具体落实，落实在一个具体行为就是免费的助餐。我们不能有任何伤害的行为，要怀揣感恩的心。我国从古至今，一直倡导，敬老爱老；21 世纪是人口老龄化的时代，积极应对人口老龄化已成为国家的战略目标，所以，敬自己家中的“老”是国家所倡导的，敬他人的“老”也是为国分忧。

三、雨花敬老文化的载体

雨花敬老文化的载体是家文化，“家文化”属于精神文明范畴，是中国所特有的一种文化。中国人的“家”不仅是社会学意义上的，更具有哲学和宗教的意义与作用。它主要是指家庭或家族成员在长期的共同生活中逐渐形成、积淀并世代相传的价值观念、生活作风、生活方式、行为规范、生活习惯的总和，其核心是道德准则、道德风貌和为人处世的方法。[①] 中国的家文化，首先是大家庭的文化。此外，中国人对家的理解，并不仅限于血缘家庭。抱有同样理念的人在一起形成的流派也被称为家，如儒家、法家、道家。在某一领域有杰出成就的人也被称为家，如作家、画家、企业家。因此，“家”字究其本义即“屋内、居处”，如果把身体的居处拓展到事业的居处、心灵的居处，一个行业、一个团体也可以称为家，而给有成就者冠以家的名号，即是认同他为所

① 赵昕蕊．传统文化架构下的“家文化”及其当代价值——以马克思家庭观为视角［D］．锦州：辽宁工业大学，2017.

在行业或团体的“家长”，承担着带领大家庭继续前进、取得更大成就的重任。来自全国各地自发承担公益敬老的雨花志愿者们，也构成了一个团体，此团体成员相互尊重、相互照顾，相互间以“家人”相称。雨花公益组织是个“家庭”，是道义大家庭，雨花敬老文化就在这个道义大家庭中，传播、践行并发展。

第四节　雨花敬老文化的特点

雨花文化是集各种优秀传统敬老文化与时代文化为一体的集成文化，是中国人民智慧与实践经验的互补结合，其产生发展具有多种内外部原因。雨花文化是既古老又年轻的，第一家雨花素食餐厅开办于 2011 年的建德，看似年轻，但是实际上它是很古老的，从雨花敬老文化的渊源来看，它的源头是中国优秀传统文化，但雨花公益敬老的文化也是年轻的，因为它以社会主义核心价值观为准则，积极吸收现代文化与思想。所以，雨花文化的古老是其包含着大量中国优秀传统文化内涵，年轻的是其随时代发展而不断充实与创新，在古与新之间有以下特点。

一、以传统文化为基石，形成开放、包容的雨花敬老文化

无论是雨花文化的“五了”家风，还是敬老的核心理念，无非都是一个形式、一个表象，是在中国文化的基础上又生出的枝枝叶叶。这就是雨花文化以中华优秀传统文化为根基的直接体现。本固才能枝荣，雨花文化建立在中华优秀传统文化的坚实基础之上，让雨花人有根可循，更有底气、有干劲，在发展雨花文化的同时承担起弘扬中华优秀传统文化的时代大任。

“泰山不让土壤，故能成其大；河海不择细流，故能就其深”，雨花文化之所以内涵丰富，历久弥新，与雨花文化开放、包容的特质密不可分。雨花文化以中华优秀传统文化为根基，沿袭了传统文化包容、学习、开放的文化特质：中华传统文化之所以源远流长又历久弥新，是因为传统文化有海纳百川和兼收并蓄的优良传统。[1] 雨花文化正是吸收了中华传统文化开放包容的文化特质，随时代与实践发展将敬老文化、家文化之优秀成分凝聚合一，成为雨花敬

---

① 陈芳．融合共生：新时代马克思主义与中国优秀传统文化的逻辑进路［J］．洛阳理工学院学报（社会科学版），2020，35（02）：87-91.

老公益文化。

二、以社会主义核心价值观为指导，形成现代的、主流的雨花文化

社会主义核心价值观对现代雨花文化有重要意义。第一，雨花文化以社会主义核心价值观为指导思想，“富强、民主、文明、和谐”是我国的发展目标，同时也是社会主义社会最高层次的价值追求。其主张的是经济上的富强、政治上的民主、社会的文明与和谐，将之视为社会主义建设的价值目标。[①] 雨花文化中“敬老为国”的敬老文化、和谐的家文化都是以社会主义核心价值观中的爱国观、敬业观、诚信观、友善观为指导，以雨花力量助力富强、民主、文明、和谐的目标追求。第二，社会主义核心价值观对雨花文化的建设起到引领作用。雨花敬老家园的布置、雨花学堂的开设始终坚持社会主义核心价值观的引领。第三，把公益的本质传递出去，让更多人融进公益，融进中国优秀的大同思想，从而真正实现社会主义核心价值观，这是雨花未来的发展方向。

由此，雨花敬老公益以社会主义核心价值观为指导思想，在实践中，与中国优秀传统文化相结合，形成了现代的、主流的雨花文化。

三、以家文化为落脚点，将各种先进文化落于实处的雨花文化

雨花不仅是一个提供免费餐食的场所，更是一个践行社会主义核心价值观、弘扬传统孝道家文化、将这些优秀文化践行和落实的公益大爱平台。“家是最小国，国是千万家”——这句歌词生动地道出了国与家的关系。作为连接个人和国家的桥梁，家一直是中国社会最基本的单元。一个个枝繁叶茂的大家庭，不仅是中国人的身心安住之地，更是中华文明绵亘逾五千年而不衰的重要载体。然而近百年来，由于种种原因，家文化的传承有些衰落。原来五世同堂的大家庭变成了微型的五口、三口乃至两口之家，而就是这小家，还常常不够和谐安稳，家人时常不能团聚，长幼关系颠倒，离婚率居高不下。家的不和谐、不稳定也带来了孤寡老人赡养、单亲子女成长等一系列的社会问题。面对种种乱象，很多有识之士意识到，恢复中国优秀传统的“家文化”才是解决问题的出路。因此，雨花人秉承着恢复优秀家文化的奋斗理念，以公益事业为载体，进行公益敬老、道义家庭建设的思路创新。

---

① 高冬萍．社会主义核心价值观下我国社会公德建设分析［J］．决策探索（下），2021（03）：19-20.

雨花敬老家园正是将传统的敬老文化、家文化，结合时代发展阶段和背景，通过同心倾听助老服务站、雨花敬老家园、乡情中心、同心养老院等场所，将各种先进文化落于实处。

第五节 雨花文化是中国优秀传统文化的创新性转化

文化是一个民族的灵魂和血脉，我国源远流长的优秀传统文化造就了中华民族的永续发展。推进中华优秀传统文化的传承和发展，不仅反映了中华文化自身优化发展的迫切需要，更反映了中国共产党与时俱进的理论品质。创造性转化在本质上说的是，依据时代的发展特征，对今天仍然具有参考意义的内容与陈旧表现形式的文化进行更新，使之具有新的时代感和当代的表现形态，从而激发它的活力。需要指出的是，创新发展，就是要根据中华优秀文化的历史发展，不断丰富、完善、增强其内涵所具有的影响力以及吸引力。习近平总书记鲜明提出“创造性转化、创新性发展”的重要原则，为在新时代条件下如何正确对待中华优秀传统文化指明了前进的正确方向和基本的遵循。

传统的敬老文化是中华优秀传统文化的重要组成部分，对当代的精神文明建设具有重要的价值与意义，其继承与发展也需要创造性转化、创新性发展。经过对雨花公益敬老家园的志愿体验与调查发现：对优秀的传统敬老文化，在思想上，雨花公益敬老组织以实际行动对之进行积极实践；在内容上，雨花公益敬老组织根据现代社会的特点加以丰富；在方法上，雨花敬老公益积极运用人工智能、高科技的现代手段加以创新。

一、以免费午餐，行体之所养

在“至亲有养，体养为基”方面，雨花公益敬老家园为周边老人开设堂食与送餐到家服务。在食材选用与制作上，考虑到老人身体机能有所下降、消化功能较弱，在制作过程中也考虑到老人的身体特点，切得细、烧得软烂，并且特别注重口感。开设在建德的第一家雨花餐厅的许店长就非常注重菜的切法与口味，想办法吸引更多的人来用餐。该店开设一个月后就吸引了 400 来人前来用餐，口味更是得到好评。

二、以老人为中心，行心之所敬

在“纳敬入孝，敬孝合一”方面，雨花公益敬老组织以老人为中心，时时、处处行心之所敬。雨花公益敬老组织发展的每一个模式，从雨花免费餐厅、乡情中心、同心倾听、含山月敬老院到智慧敬老，都是根据老人的不同阶段、不同需求、不同实际情况而提出的。

三、以教育为载体，养老人之德

“老为人人”既是雨花公益敬老的口号与行动指南，又是雨花敬老文化的核心理念之一。既然“老人是宝”，那老人应该体现出自己的社会价值，不断地学习、提升自己的人文素养与道德品德。这些理念体现并落实于雨花公益敬老组织的日常安排中，如拜孔子像、读《弟子规》、念“感恩词”等仪式，也体现在年轻志愿者对老人倾听陪伴的话题卡里（详见附录三）。

雨花公益敬老通过润物无声的形式提升老人的文化修养、道德品质与生命价值。助老人实现“老为人人”之德。

四、以纯粹公益，行人人敬老

在“孝越于亲，社会敬老”方面，雨花公益组织的本身就是一个社会敬老的组织，通过低龄老人服务高龄老人，通过各个年龄层次的人参与雨花的志愿敬老活动，以达“老吾老以及人之老”，形成并带动在社会上形成人人敬老的风气。雨花公益敬老组织存在的本身就是“社会敬老”的部分实现，或者说是“社会敬老”的有效载体。

“人人为老，老为人人”是雨花敬老文化的第三大核心理念。雨花文化倡导的“搭把手、一起走”的邻里互助、从小朋友开始的志愿实践到老人照顾老人的志愿活动，就是该理念的实践。

总之，“老人是宝”是雨花敬老文化的核心理念，是原点，离开原点就离开了雨花公益敬老事业的初衷与存在的价值。“老为人人”提倡老人也需要自我成长与发展，以实现“老人是宝”，以便为社会做贡献。

第六节　本章小结

中国的敬老文化源远流长，从原始时期末发展至今，主要涵盖以下方面：至亲有养，体养为基；纳敬入孝，敬孝合一；孝越于亲，社会敬老。而雨花公益敬老组织在这三个方面都有实践与创新。“至亲有养，体养为基”方面，雨花公益敬老家园为周边老人开设堂食与送餐到家服务。“纳敬入孝，敬孝合一”方面，雨花敬老文化的核心就在于一个对老人的“敬”字。在“孝越于亲，社会敬老”方面，雨花公益组织本身就是一个社会敬老的组织，通过低龄老人服务高龄老人，通过各个年龄层次的人参与雨花的志愿敬老活动，带动人人敬老的良好社会风气。

雨花文化是集敬老文化、家文化为一体的具有教化导向的文化。其中蕴含了“老人是宝”“人人为老，老为人人”“养儿为老，敬老为国”的敬老文化；也蕴含了以社会主义核心价值观为指导的、现代的、主流的文化；其以家文化为落脚点，将各种先进文化落于实处，并通过雨花学堂、饭前诵读《弟子规》等形式将传统文化融入老人的学习与生活，从而将优秀的中华传统文化创新性地传承。

第十章　现代敬老公益发展展望

通过调研、访谈、参阅相关材料可以发现，雨花敬老公益对当代中国公益有以下四个方面的启示：一是，现代公益必须以习近平新时代中国特色社会主义思想为思想指引，以社会主义核心价值观为行动指南，在党的领导下开展公益事业。不能埋头瞎干，不懂国家政策法律法规，这会导致公益过早夭折，甚至根本不能存活。二是，公益必以善为“起点”与“终点”，否则就脱离了公益的本质，无法称其为公益。三是，处于互联网的时代，当代公益需有互联网的思维，这样才能保证公益良好地运转、发展与壮大。四是，现代公益要开展文化体系的建设，没有文化体系，容易成为一盘散沙，没有凝聚力、号召力，走不进人心，也走不长远。

第一节　现代公益必须坚持党的领导

早在商代就有“西伯善养老者”的说法，中国的现代公益事业，从建国算起，也有70多年的历史。虽然慈善的思想、公益事业的组织已有较长的历史，但是时代变迁、社会变革，处于现代社会的中国公益必须符合时代潮流，具有时代特色，才能成为现代化的公益事业。中国现代化的公益事业必须坚持党的领导，以习近平新时代中国特色社会主义思想为指导。

2016年05月29日，习近平在中共中央政治局第三十二次集体学习时强调，坚持党委领导、政府主导、社会参与、全民行动相结合，坚持应对人口老龄化和促进经济社会发展相结合，坚持满足老年人需求和解决人口老龄化问题相结合，努力挖掘人口老龄化给国家发展带来的活力和机遇，努力满足老年人日益增长的物质文化需求，推动老龄事业全面协调可持续发展。在采访浙江雨花公益敬老组织程秘书长的时候，他特别强调：“雨花敬老公益是在党委领导、政府主导下的敬老。”

党的方针与政策体现在雨花敬老公益的文化建设中。雨花敬老公益中蕴含着各种文化，其中主要以社会主义核心价值观为引领，将中国优秀传统文化、革命文化、社会主义先进文化加以传承、传播、推广，比如墙上张贴的社会主义核心价值观、毛主席纪念白求恩的讲话、雷锋的话语等。在雨花敬老家园中，也将红色精神渗透到公益敬老的方方面面。

党的领导、政府参与也体现在雨花公益敬老组织的发展过程中。雨花公益敬老，最初从 2011 年 9 月 12 日在浙江省建德市新安江街道新安江大厦创办雨花斋免费餐厅到 2020 年 7 月 16 日取得的由浙江省民政厅颁发的“浙江雨花老年公益事业发展中心”证书，并在杭州清波街道党工委下设浙江雨花老年公益事业发展中心党支部。

雨花公益的“智慧雨花项目”在 2020 年 9 月荣获首届浙江省志愿服务项目大赛银奖，2021 年参加浙江省社会组织评估获评最高的 5A 等级。2022 年 8 月，“智慧雨花敬老助餐”项目获评第七届浙江慈善奖——“慈善项目和慈善信托奖”。从这个过程中可以发现，雨花由原来有爱心的草根组织，在党委领导、政府主导下走向规范，并得到政府的支持、社会的认可。由此可见，公益的发展首先需要紧跟时代的脉搏与要求。不能简单以“我是做好事”“我是行善”，而不顾国家政策法律法规的要求与整体价值观的引导，这样的公益组织根本难以生存，甚至还会发生好心办坏事的情况。

第二节　现代公益必须以社会主义核心价值观为行动指南

党的十九大报告中指出，社会主义核心价值观是当代中国精神的集中体现，凝结着全体人民共同的价值追求。社会主义核心价值观所倡导的“富强”“民主”“文明”“和谐”“自由”“平等”“公正”“法治”“爱国”“敬业”“诚信”“友善”的价值追求正是现代敬老公益组织立足当前、不忘初心发展的正确指向。党的十八大已较为清晰地将社会主义的核心价值揭示为“共同富裕与共同幸福”①，在当今“夕阳危机”之下，老年人理应是享受社会主义建设成就、成为共同幸福的群体。因此，将社会主义核心价值观作为敬老公益发展的根本理念，才不会迷失方向，在社会主义核心价值观的践行中实现共同富裕。

---

① 陈春利．从“三个倡导”到“两个共同”——社会主义核心价值观再凝练［C］．社会主义核心价值观协同创新上海峰会，2017.

雨花敬老公益对敬老文化的传承发展及赋予敬老文化新的时代内涵，是对社会主义核心价值观“三个倡导”在不同层面的践行实践。

社会主义核心价值观在个人层面，体现为“爱国”“敬业”“诚信”“友善”。雨花公益组织的口号之一是“敬老就是爱国”。中国已经进入并将长期处于老龄化社会，这是21世纪中国的一个重要国情。发达国家是在基本实现现代化的条件下进入老龄社会的，属于先富后老或富老同步，而中国则是在尚未实现现代化，经济尚不发达的情况下提前进入老龄社会的，并正在由“老龄化社会”向“深度老龄化社会”迈进，属于未富先老。除此之外，我国的老龄化问题和其他发达国家相比，还呈现出基数巨大、增速迅猛、城乡失衡、空巢严重等特点。所以，雨花公益敬老组织从2011年建立第一家雨花素食餐厅以来，一直积极探索各种养老模式，本身就是爱国，是为国分忧。雨花敬老公益，全年无休地为需要的老人提供免费午餐，就是“敬业”“诚信”“友爱”的诠释与体现。另外，在每一家雨花敬老家园的墙壁上，都张贴着社会主义核心价值观等标语，也是引导着用餐者要践行社会主义核心价值观，做一个“爱国”“敬业”“诚信”“友善”的人。

社会主义核心价值观在社会层面，体现为“自由”“平等”“公正”“法治”。雨花公益敬老组织是在党的领导下，政府主导、社会参与、全民行动下开展的敬老活动。雨花敬老公益对志愿者进行《中华人民共和国慈善法》的培训，让中华民族乐善好施、守望相助的优良传统在法律的规范与保障下发扬光大。这体现了“法治”的价值标准。雨花公益组织的核心理念之一就是“老人是个宝”，主张平等地对待和敬重老人，这体现了对“平等”价值准则的践行。志愿者自愿参加公益志愿活动，老人们自愿来就餐，这体现了对“自由”价值准则的践行。

社会主义核心价值观在国家层面，体现为“富强”“民主”“文明”“和谐”。雨花敬老公益组织，联结了老人、志愿者、社会慈善捐助者多方，传播与弘扬了中华优秀传统美德，为尊老爱幼的社会优良风尚、新时代的精神文明的形成贡献了力量，良好的社会风气是和谐社会建设的重要指标，这是对“和谐”价值准则的践行。雨花公益敬老的志愿者与老人一起学《了凡四训》《弟子规》等传统优秀文化，并践行感恩文化，这提升了志愿者与用餐老人的文化素养，践行了“文明”的社会主义核心价值观。

总之，社会主义核心价值观是现代公益敬老的根本价值准则与行动指南。

第三节 现代公益必须以善为“起点”与“终点”

古今中外，无论是狭义的慈善还是广义的慈善，都是建立在人的爱心基础上。人们之所以从事公益事业，根本原因在于人的爱心；在于希望他人、社会变得更加美好。公益事业能发展也源于此。爱心或者善是公益的本质特征，如果没有以善为出发点，就不存在真正意义上的公益。如果不以善为公益的终点，那么公益的目的就难以达到。在市场经济时代，在激烈的竞争环境下，能保持公益原本的“善”，并不那么容易，所以会出现很多公益的丑闻事件。

“善”体现在雨花公益敬老组织最早的创办中。第一家雨花免费餐厅，就是由于创办人发现现代社会流动性越来越大，生活方式较之过去发生了极大的改变，传统的“养儿防老”难以为继，空巢老人也越来越多。因此，一直想开办一家针对老人的免费餐厅。2011 年 8 月，年过八旬的他，拿出了一生的积蓄 5 万多元，一定要把免费餐厅开办起来，帮助弱势的老年群体，让他们能吃上免费、健康的饭菜。所以，在雨花公益敬老组织创办的起点中，可以发现创办者一颗至善的心。

“善”体现在雨花敬老公益组织的运行中。雨花项目主要运行者程刚秘书长说：雨花模式从“雨花 1.0”到“雨花 5.0”，其所有的模式都是用公益慈善的模式来做，而不是市场的模式，我不是依靠商业和市场，我们依靠的是公益和慈善；依靠的是老人的善心、孩子的孝心。我们用善心、孝心来唤醒全社会的爱心，并将这份爱心汇集、传递给全民。

“善”体现在雨花公益敬老组织的文化建设中。每个雨花敬老家园都张贴感恩的标语，每次吃饭前都念“感恩词”（见附录五），志愿者的一日修身小结中也充满感恩与期盼（见附录六），包括每餐的光盘行动，也是对大自然、对人类劳动的感恩表达。

“善”体现在雨花的志愿者身上，随时也都可以感受到这份善的、助人的心。比如，胡女士，女，53 岁，志愿时间 8 年，浙江温州人，原来是做温州鞋料生意。

采访者：那您最开始为什么想要做义工呢？就像您之前说的，参与福利院之类的志愿活动，为什么做这些呢？

胡女士：我们家里人，比如妈妈也特别喜欢帮助别人，还有就是我从小比较热心，而且我是那种一听到国歌就会哭的人。我想和这些都有关系吧，然后就想去做一些有意义、有价值的事。

又如，张女士，73 岁，志愿时间 8 年，浙江温州人。原职业是社区服务，福利院义工。

采访者：您是什么时候开始做这个（义工）的？

张女士：这里开起来我就过来了，我原来是社区里的义工，他说这个雨花餐厅需要帮忙，我就过来了。

“善”落实到对雨花志愿者的关爱上。雨花志愿者付出“善心”“善行”的同时也收获着雨花平台组织给予的关爱。比如 2021 年 1 月份建成的含山月养老院，就是为雨花以后老去的志愿者而建设的养老机构，让志愿者真正实现老有所依、老有所养。

“善”落实到雨花公益敬老的老人身上。所运行的“雨花敬老家园”品牌项目，已在全国落地约 100 个服务点，平均每天为超过 1 万位老人提供助餐服务。总而言之，中国公益事业要发展，必须把“善”字从“始”贯彻到“终”，牢牢守护“善心、善念、善行”，才能不离公益的本质，也才能吸引源源不断的资源与志愿者。

第四节　现代公益需有互联网思维

一、互联网思维的概念与特点

党的十九大报告明确指出：“经过长期努力，中国特色社会主义进入了新时代，这是我国发展新的历史方位。”而大数据、云计算等信息技术的迅速发展，互联网思维逐渐走进人们的生活。互联网思维是一种创新型的思维方式，它以一种独特的形式存在，互联网思维不单单是对互联网行业，更需要我们对整个生态系统的重新审视。并且，这种思维方式已经开始不断影响人们的行为模式。2011 年，百度的创始人李彦宏最早提出了互联网思维这一定义，旨在根据互联网的特征进行问题思考。目前学界对互联网思维并无确定的解释，结合公益事业的特点总结来说，其在探索创新、共享互动、用户至上、跨界融合等方面对公益组织有着深远的影响。

互联网思维作为第三次工业革命的先导理念，时代的发展是由先进工具和其开创的变革来标识的，互联网思维则是数据驱动的智慧性思维。张媛媛在其博士论文《基于互联网思维的大学生思想和行为引导研究》中指出互联网思维的特征，包括全球性、多维性、动态性、系统性、全民参与性、自组织性、定制式、特色化以及差异性。[①] 这些特征的具体含义如下：①全球性，在经济全球化背景下，互联网思维的全球性是显而易见的。网络通信的无边界加速了全球化的进程，跨越了时间和空间的阻碍，使得不同的文化、思想、政治彼此交融，每一个个体的触角能延伸到世界的任何角落，当然，也会受到其他个体的影响，在一定程度上也加剧了风险。②多维性，多维性即是指从多个维度去考虑一个问题。可以把多维看成纵向上的多维和横向上的多维。纵向多维即一些有递进关系的维度，横向多维即没有递进关系的维度。思考问题时，纵向维度的思维可以让我们的思考更深入、更透彻；横向维度的思维让我们的思考更广泛、更全面。③动态性，事物都是处在动态的发展变化中的，思维方式的变革也是如此。④系统性，在互联网思维中，体现为对整个系统建立起一个整体的认知框架，抓住整体和局部的关系，抓住关键要害。⑤全民参与性，当今互联网普及程度高，每一个网民都有言论输出的机会，网络内容是全民参与的，去中心化互联网模型受到更多人的认可，也越来越成为未来发展的可能。⑥自组织性，在当下的互联网时代，我们了解到许多组织都曾打破原本的职能划分，以小组或小团队的模式来运作，自组织是一个自我增强的正反馈过程，一旦循环开始，除非外力介入中断，否则无须借助外力，就可以自我强化。而这个过程需要时间的积累，时间越长，能力越强。⑦定制式，互联网时代的产品大多可以根据用户的个人喜好和个人特点来产生符合单独个体口味的产品，这样关注用户个性、以用户为中心的定制式的思维方式正是互联网思维的个性化体现。⑧特色化，即互联网产品需要结合用户需求且具备自己的特色。⑨差异性，由于个体的差异性，互联网思维的差异性是显而易见的。每个独立的个体都有和他人不一样的地方，思维也不尽相同，而互联网思维的差异化更是一种思维多元化的体现，差异性思维就是依托各种各样的思维活动，从多个层次考虑，对事物进行多变量、多角度、多因素和多方面的研究考察。

二、互联网思维的种类及其在雨花敬老组织中的运用

李彦宏在提出互联网思维的用户至上、体验为王、免费的商业模式、颠覆式的创新四个核心观点的基础上，将互联网思维分为八大思维：用户、碎片化、扁平、跨界、迭代、平台、多元、社会化的思维。陈光锋在 2014 年所著的《互联网思维：商业颠覆与重构》一书中，将互联网思维分为了流量思维、

---

① 张媛媛．基于互联网思维的大学生思想和行为引导研究［D］．成都：电子科技大学，2019.

产品思维、简约思维、整合思维等十二大类。① 赵大伟在所著的《互联网思维独孤九剑》中表示，互联网思维包含用户、大数据、迭代、社会化、极致的思维等九个方面。② 考虑到公益组织的特殊性和互联网的快速发展的变化性，本书从以下九个方面分析互联思维在雨花公益敬老组织中心的运用。

1. 用户思维

所谓的用户思维意味着一切都以用户为中心、一切都以用户的需求为导向、一切都基于用户满意度、一切都是围绕用户构建的，而其他思维则在不同层面围绕着用户思维进行延伸。公益敬老的对象是老年人，因此要以老年人的需求为中心而开展。在雨花敬老公益中，处处体现着用户思维。

一是考虑到老人的需求，部分老人失能，无法做饭，就开设雨花敬老餐厅；部分老人行动不便，走不出来，就送餐上门；考虑到老人心里孤单寂寞，就推出“倾听陪伴”项目；考虑到老人与家人联系不便，就推出“智慧”养老服务；考虑到以后年老志愿者的养老问题，就建设了含山月养老院。

“老人”，是雨花公益不变的主题。雨花公益事业，走过了从食物敬老（雨花 1.0）、到邻里互助敬老（雨花 2.0）、到陪伴倾听敬老（雨花 3.0）、到家庭互助敬老（雨花 4.0），敬老的形式和具体内容不断升级，但“孝敬老人”的主题永远不会改变。因为人人都会老，人人都需要“敬”老。

二是邀请老人参与管理与实践。雨花敬老的志愿者 70%都是 70 岁以上的老人，这让老人在雨花公益敬老组织中有很强的参与性，让这些志愿者觉得这就是他们自己的“家”，人人参与进来，不但老人自己参与进来，老人的家属也可以参与进来。通过这些参与、实践，老人及其家属对雨花敬老公益就有更多的了解、认可，并更愿意参与到雨花敬老公益的志愿活动中。

2. 碎片化思维

碎片化思维强调以人为本，主张满足主体需求的个性化和自由化，主要体现在以下三个方面：时间碎片化、资源碎片化、信息碎片化。在这个碎片化的时代，雨花敬老公益积极将各种碎片化进行整合。

雨花有自己的宣传平台，依托短视频、公众号等，精心编纂雨花公益敬老活动的方方面面，通过一个个简短、精炼、富有意义的小作品，牢牢抓住大众闲暇的几分钟，在碎片化的时间里，让更多人，特别是年轻人了解雨花公益。

雨花有各种形式的志愿服务，以满足各种志愿者的需求。比如在志愿服务类型上，有大学生或上班职工周末参加的短期性志愿服务；也有去阿里巴巴公

① 陈光锋. 互联网思维：商业颠覆与重构［M］. 北京：机械工业出版社，2014.
② 赵大伟. 互联网思维孤独九剑［M］. 北京：机械工业出版社，2014.

司进行一个月的志愿、公益体验；更有长期的雨花志愿服务者。在志愿内容上，有做饭、送餐、做卫生、倾听陪伴等各种项目内容。

总之，雨花将碎片化的思维得以很好的运用，将各种碎片化的信息依托自己的宣传平台进行整合，让社会各界人士能在碎片化的时间里了解雨花，并通过各种方式参与到雨花的志愿活动。

3. 扁平化思维

扁平化思维的内涵核心在于去中心化。扁平化组织强调管理层次的简化、让管理幅度增加合理的分权。扁平化思维体现在管理模式的非线性，更加尊重每个人的想法，相信每个人的创造力。管理者只会交给一件需要办理的事情，至于怎么实现这件事情，要经过哪些步骤，需要处理好哪些细节，却并不关心。与线性管理的规范和流程相比，非线性管理充满了变化和不确定性，显示出动态和灵活。而且非线性管理中“人”是核心，具有不可替代性，整个管理紧紧围绕“人”展开。

雨花敬老公益的管理都是扁平化管理，各地雨花敬老公益，只要有发起人、有志愿者、有需要的老人就可以开张。规模、大小都是依据当地的需求特点、人力、物力的状况而决定的。整个雨花组织的管理没有层级的结构，运用的是非线性管理模式，甚至没有管理模式，更多的是相互学习、经验参照。

4. 跨界思维

2011 年腾讯推出微信，颠覆通信领域；2013 年阿里巴巴与天弘基金合作，推出“余额宝”，冲击银行领域；2015 年华为 Watch、Apple Watch 相继面世，挑战钟表行业。“跨界”一词一次次地出现在公众视野，不断冲击和颠覆大众的想象。“跨界”就是在不同的行业范畴建立一个全新的系统或思维模式和方式。所谓跨界思维，是一种新型的思考理念与思维模式，通过嫁接不同行业或领域的理念和模式，或者对其进行创新或改造，让原本毫无关系甚至相互矛盾的行业或领域相互渗透、相互融合，从而创造出全新的体系、结构或流程。

雨花公益敬老组织很好地运用“跨界”思维，将不同行业、领域的资源与理念进行嫁接与整合。与政府组织取得联系，借助社区力量，形成邻里互助敬老，比如东江嘴雨花公益敬老组织。与企业，如金都集团的联合，开设了杭州吴山雨花敬老餐厅。与中国电信的联合，将高科技送入老人家，开展“智慧敬老”。与中华文化发展基金的联合，将雨花的模式进行学术研究、得以理论的提升。与民间力量的联合，众多社会贤人捐钱、捐物给雨花公益敬老组织平台。与华夏文化纽带工程联合，成立了“雨花行动公益基金”。

5. 迭代思维

“迭代”在汉语词典里面的意思是：更相代替、轮换。在传统企业中，做产品时需要不断完善产品，等产品完美时才能投放到市场。而在互联网思维中讲究的是快，要将产品推向市场，然后通过用户广泛参与，不断优化产品，实现快速迭代，日臻完美。故迭代思维是以用户的需求为目标，然后进行产品的不断重复升级，其核心就是快和重复。

在互联网时代，世界时刻在变化，人们的思想和思维方式也时刻在发生着变化，雨花敬老公益在变化中发展与壮大。在雨花创立之初，只是一份善念，没有想着具体的模式与形式，也没有想着要准备得怎么完善才能走进社会、走进老人，只是创办者、发起人觉得自己时日不多，想将心愿尽快实现。就开始张罗此事，于是 2011 年在建德市第一家雨花餐厅得以创办。在后续的发展中，都是因时因地因需，陆续开张。比如在 2020 年，很多老人因为疫情不能外出来餐厅堂食，雨花志愿者就送餐上门。所以迭代思维，在雨花也得以很好的体现，雨花公益敬老组织随时根据实际的需求与现实的状况而灵活开展。

6. 平台思维

在信息大爆炸的时代，信息化的生产生活方式使得信息量急剧膨胀，互联网中承载着数量庞大、复杂性高且流动性强的数据信息。信息在网络中不断累积，信息的边界逐渐模糊，完成从量变到质变的转变，一个大规模采集、存储、分享数据的时代已然来临。所谓“平台”是指在一定范围内，将单一、分散的信息进行整合，由多个主体以实现共赢为目的，共同建设的资源共享的生态系统。所谓“平台思维”则是指在同一平台上，打破独立个体对信息的所有权，将信息对多个主体开放，在梳理信息之间的内在联系，挖掘信息的隐藏价值的基础上，实现对信息的共同使用，最终形成多个主体同步受益的思维模式。平台思维的特征简单来说就是共建、共享、共赢。

雨花敬老公益就是一个大的“善平台”，政府、企业、社会贤达、志愿者通过这个平台，将自己对社会、对老人的爱心进行传递。政府通过这个平台，实现助老、养老；企业通过这个平台，实现社会责任与企业担当；社会贤达、志愿者通过这个平台，将爱心得以表达。通过这个“善平台”实现老吾老，以及人之老的美好愿景，促进共同富裕的美好社会更早来临。

7. 多元思维

在思维发展的过程中人们经历了一元思维、二元思维到多元思维的动态发展，一元思维又称为概念思维，强调的是因果关系，是一种单向的思维方式。二元思维是指可以通过事物的正反两个方面进行思考的思维方式。多元思维又称为“立体思维”“整体思维”“多维型思维”“全方位思维”，它强调的是能跳出点、线、面的范围局限，向外延伸、发散，从不同角度、不同空间，简单地利用思考，形成一个立体的思维方式。

雨花敬老公益的多元思维体现在，资源整合上是立体的、多元的，其目标并不局限于政府、大企业家、社会贤达，而是放眼于整个社会群体。让人人参与敬老，有钱的出钱、有力的出力、有“智”的出“智”。在老人需求的满足上是整体的、多维的，从最初的提供一顿饭，满足老人的身体需求；到倾听陪伴，满足老人的心理需求；到人工智能养老，帮助老人跟上互联网时代；到通过先进的传统文化、革命文化、社会主义文化等各种文化，促使老人更有智慧，从而实现智慧养老。

8. 社会化思维

社会化思维的含义是利用社会化工具、网络和媒体，重塑人与人之间的沟通关系、组织管理和运营模式的思维方式。随着移动终端的兴起和发展，只要有一个移动终端，就能在任何时间、任何地点与地球甚至外太空的人们分享心情和体会。伴随着这种在互联网上的频繁交流，基于共同爱好、价值观和社会关系的人群逐渐聚集，随之具有社会化特征的群落也逐渐形成。

社会化思维具有以下的特征：平等、互动、关系。雨花公益敬老组织通过“一起吃饭”“一起做志愿者”“一起学习”“一起活动”（如每年腊八粥活动）将老人的人际关系“激活”，将老人身边的社会关系建立起来。让“老人是宝”这句话，深入老人自己的内心，使其觉得自己有很多用处、长处、慧处；也深入其他人的心，使其他人明白老人需要好好孝敬、好好关爱，从而形成人人敬老、爱老的良好社会关系。

9. 大数据思维

目前，关于对大数据的定义学界尚未形成一个统一的看法。在《大数据时代》一书中，大数据是使用所有数据进行分析处理。大数据思维具有全样性、容错性、相关性的特征。这种思维要求我们获得研究对象本身的全部信息和与之相关的所有信息，从而更全面地认识研究对象。同时，由于是全样本数据，就无法避免有不准确甚至是错误的数据混杂其中，人们不得不放弃对精确性的追求，转而接受数据的混杂性。大数据思维就是从精确思维向容错思维转变，容许微观层面存在一定程度的错误和误差，换取对宏观层面更好的把握，不再只关注事物的因果性，而是关注事物之间的相关性、线性的、非线性的关系，建立在相关性分析基础上的预测正是大数据思维的核心。

雨花敬老餐厅，全国有 1 000 多家，都是因时因地而开办，不像品牌连锁店，统一规划，其所用的就是大数据思维，允许有差异性、不一致性，但是雨花的文化内涵是一致的、雨花行善的愿望是一致的、雨花敬老的目的是一致的。

由上可见，处于互联时代的公益事业的良好发展，离不开互联思维的运用，以用户即公益对象为中心，通过运用扁平的、跨界的、迭代的、多元的、大数据的思维，将各种碎片化资源、信息有效整合形成平台，从而建立和谐、幸福的社会化组织。

第五节　现代公益要展开系统的文化建设

虽然非营利组织得到了发展，但是在其发展过程中存在着很多问题，主要问题在于我国的非营利组织没有对应的行业文化。众所周知，非营利组织因为其不营利的特点导致责任心与公益心在这类行业中发挥着重要的作用，并且责任心与公益心也是区分民间社团与政府、企业的重要特征。但是我国非营利组织的领域“人情味较少”，缺乏非营利组织该有的文化氛围，这是导致许多民间社团发展不起来而且快速消亡的原因之一。除此之外，非营利组织的一些其他问题也是由于没有公益文化而造成的，例如，一方面，我国公益的优秀人才匮乏，这是因为当前的公益文化无法吸引人才，以文化内核为主的公益精神无法得到很好的传播；另一方面，我国大众参与公益活动的积极性不高，这是由于公益文化不健全无法明确公益的宗旨与使命，无法使大众体会到公益的价值与意义。

从前文可以发现，雨花敬老公益非常注重文化的建设，无论是其运行的理念，还是实体雨花敬老家园的店内布置，最注重的就是雨花文化的建设。雨花敬老公益是扁平化的组织，但却用文化将各地敬老家园组织紧密地联系在一起，形成合力至善的目的。也因为有雨花文化，雨花敬老公益才被政府所接受，并得到政府的大力支持与推广；被企业所认可，并获得各种捐赠；被爱心人士所热爱，所以有源源不断的志愿者加入。从前文对雨花公益志愿者的研究也可以发现，如果没有形成有自己特色、兼收并蓄的文化，志愿者不一定能参与并终身从事该组织的公益事业。

总之，雨花敬老公益始于“纯善”，终于“至善”，以习近平新时代中国特色社会主义思想为指导，在党的领导下开展公益的敬老事业，用互联网思维将其发展，以文化作为纽带与保障，从而使其得以快速发展。这对处于互联时代的现代公益有很大的启发作用。

第六节　本章小结

雨花敬老公益对当代中国公益有很多的启发，主要有以下四个方面。首先现代公益必须坚持在党的领导下，以习近平新时代中国特色社会主义思想为指导思想，以社会主义核心价值观为行动指南。然后，以善为“起点”与“终点”，必须把“善”字从“始”贯彻到“终”，牢牢守护“善心、善念、善行”，才能不离公益的本质，也才能吸引源源不断的资源与志愿者。其次，当代公益需运用互联网思维，包含用户、大数据、迭代、社会化、大数据思维等九个方面的互联网思维，做好“互联网+”背景下的公益活动，是当下公益事业良好运转的重要保障。最后，现代公益要有文化体系的建设，没有自己的文化，就容易成为一盘散沙，没有凝聚力、号召力。

参考文献

[1] 卡尔·马克思，弗里德里希·恩格斯. 马克思恩格斯文集：第八卷 [M]. 北京：人民出版社，2009：200.
[2] 江亚洲，郁建兴. 第三次分配推动共同富裕的作用与机制 [J]. 浙江社会科学，2021（09）：76-83，157-158.
[3] 厉以宁. 股份制与现代市场经济 [M]. 北京：商务印书馆，2021：68-71.
[4] 朱力. 正确认识精神生活共同富裕的时代内涵 [J]. 国家治理，2021（45）：19-23.
[5] 王天力. 论创造力与社会公益 [J]. 社会福利（理论版），2018（09）：15-21.
[6] 江亚洲，郁建兴. 第三次分配推动共同富裕的作用与机制 [J]. 浙江社会科学，2021（09）：80-81.
[7] 厉以宁. 股份制与现代市场经济 [M]. 北京：商务印书馆，2021：71-75.
[8] 马雪松. 第三次分配在新时代的新变化、新利好 [J]. 人民论坛，2021（28）：14-17.
[9] 李海舰，杜爽. 推进共同富裕若干问题探析 [J]. 改革，2021（12）：1-15.
[10] 卓高生. 公益精神概念辨析 [J]. 理论与现代化，2010（01）：87-91.
[11] 夏佳颖. 功利主义公益伦理思想研究 [D]. 杭州：浙江财经大学，2017.
[12] 刘慧. 当代中国公益精神培育研究 [D]. 北京：中央财经大学，2016.
[13] 孙桂杰. 公益众筹活动的伦理问题及对策研究 [D]. 石家庄：河北师范大学，2021.
[14] 玉苗. 论现代公益事业与传统慈善的关系 [J]. 学会，2014（08）：15-21.
[15] 陈文. 当代大学生公益精神培育研究 [D]. 徐州：中国矿业大学，2020.
[16] 高燕. 微公益的伦理审视 [D]. 重庆：重庆师范大学，2015.
[17] 戚小村. 公益伦理略论 [D]. 长沙：湖南师范大学，2006.
[18] 周秋光，李华文. 中国慈善的传统与现代转型 [J]. 思想战线，2020，46（02）：61-74.

[19] 丁岩. 论现代公益事业与传统慈善的关系［J］. 才智，2016（24）：249.
[20] 孙芳芳. 中国特色慈善事业的理论溯源与现实建构［J］. 理论观察，2020（11）：76-79.
[21] 崔子研. 传统慈善与现代公益微谈［N］. 公益时报，2020-05-26.
[22] 杨艺. 现代公益视角下的社会企业探析［D］. 济南：山东大学，2012.
[23] 周红云. 公益慈善的制度环境与转型发展［J］. 中国社会组织，2016（11）：16.
[24] 叶托，王妍曼. 超越传统慈善：公益慈善领域的新变革［N］. 中国社会科学报，2020-07-22（08）.
[25] 刘文光. 我国公益慈善组织发展中存在的问题及其对策分析［J］. 行政与法，2009（01）：4-6.
[26] 张晶，刘娴娴. 现代公益组织发展中的公益伦理研究——基于利他主义价值观的分析［J］. 渤海大学学报（哲学社会科学版），2014，36（03）：61-64.
[27] 张巧君. 政治文明视野下我国社会组织发展研究［D］. 兰州：西北师范大学，2019.
[28] 玉苗. 从传统慈善到现代公益［J］. 广西社会主义学院学报，2014，25（04）：90-96.
[29] 李文辉. 传统慈善理念向现代公益理念的转型与重构［J］. 青年文学家，2015（35）：192.
[30] 朱虹. 解码微公益［J］. 攀登，2013，32（05）：75-78，87.
[31] 杨钊. "微公益"的缘起、问题及发展建议研究［J］. 发展研究，2013（11）：113-115.
[32] 郑伟. 互联网慈善运行模式及监督机制研究［J］. 赤峰学院学报，2016，37（04）：91-92.
[33] 汪国华，张晓光. 中国网络慈善运作模式比较研究［J］. 社会科学研究，2014（03）：104-110.
[34] 赵敏. 微博时代的微公益理念社会化现状分析［J］. 重庆邮电大学学报（社会科学版），2013，25（01）：118-123，
[35] 冯莹姣，周瑞法. 微公益：具象化公益的道德内化——浅谈微公益对公众思想道德建设的价值［J］. 浙江师范大学学报（社会科学版），2012，37（01）：111-118.
[36] 库敏，周建荣，周巧学，等. 社区空巢老人孤独感现状及影响因素分析［J］. 全科护理，2021，19（13）：1803-1807.

[37] 姜嘉和. 情感化设计在空巢老人居室设计中的应用研究——以南京某空巢老人居室为例 [J]. 艺术与设计（理论），2021，2（07）：72-74.

[38] Tonkiss F, Passey A S, et al. Trust and civil society [J]. Contemporary Sociology, 2000（31）：205.

[39] Shang J R, Croson. A field experiment in charitable contribution：The impact of social information on the voluntary provision of public goods [J]. Economic Journal, 2009, 119（540）：540.

[40] Harbaugh W T. The prestige motive for making charitable transfers [J]. American Economic Review, 1998：88.

[41] Kolter P, Andreasen A R. 非营利组织战略营销. 5 版 [M]. 孟延春，等，译，北京：中国人民大学出版社，2003.

[42] 丁美东. 非营利组织及其价格机制研究 [D]. 南昌：江西财经大学，2003.

[43] 陈敏. 关于针对我国高等学校进行捐赠的动机分析 [J]. 中国科技信息，2008（02）：159，164.

[44] 高静华. 人性情感与制度文化：国外慈善捐赠动机研究综述与启示 [J]. 社会政策研究，2019（02）：73-86.

[45] 蔡燕青. 中国大陆个人慈善捐赠的影响因素研究 [D]. 北京：中国政法大学，2011.

[46] 苏媛媛，石国亮. 居民慈善捐赠影响因素分析——基于全国五大城市的调查分析 [J]. 社会科学研究，2014（3）：111-115.

[47] 谢丽. 社会网络对大学生网络慈善捐赠意愿影响研究 [D]. 武汉：华中师范大学，2020.

[48] Einolf Christopher J. Gender differences in the correlates of volunteering and charitable giving [J]. Nonprofit and Voluntary Sector Quarterly, 2011, 40（06）：1092-1112.

[49] Boskin Michael J. Estate taxation and charitable quests [J]. Journal of Public Economics, 1976, 5（1-2）：27-56.

[50] Reinstein, David, Gerhard Riener. Reputation and influence in charitable giving：An experiment [J]. Theory and Decision, 2012, 72（2）：221-243.

[51] Mason Dyana P. Recognition and cross-cultural communications as motivators for charitable giving：A field experiment [J]. Nonprofit and Voluntary Sector Quarterly, 2016, 45（01）：192-204.

[52] Bekkers, René. Who gives what and when? A scenario study of intentions to give

time and money [J]. Social Science Research, 2010, 39 (03): 369-381.
[53] Wilson, John, Marc Musick. Who cares? Toward an integrated Theory of volunteer work [J]. American Sociological Review, 1997, 62 (05): 694-713.
[54] Bekkers, René. Participation in voluntary associations: Relations with resources, personality, and political values [J]. Political Psychology, 2005, 26 (3): 439-454.
[55] Bekkers, René. Traditional and health-related philanthropy: The role of resources and personality [J]. Social Psychology quarterly, 2006, 69 (4): 349-366.
[56] Axelrod, Robert, et al. The evolution of cooperation [J]. Science, 1981, 211 (4489): 1390-1396; Cialdini, Robert B, et al. Reinterpreting the empathy-altruism relationship: When one into one equals oneness [J]. Journal of Personality and Social Psychology, 1997, 73 (3): 481.
[57] Shapiro E, Gary. Effect of expectations of future interaction on reward allocations in dyads: Equity or equality [J]. Journal of Personality and Social Psychology, 1975, 31 (5): 873.
[58] 陈思明. 企业慈善捐赠的动机分析 [D]. 广州: 广东财经大学, 2016.
[59] Godfrey P C. The Relationship Between Corporate Philanthropy and Shareholder Wealth: A Risk Management Perspective [J]. Academy of Management Review, 2005, 30: 777-798.
[60] Koehn D, J. Ueng. Is Philanthropy Being Used by Corporate Wrongdoers to Buy Good Will? [J]. Journal of Management & Governance, 2010 (14): 1-16.
[61] Burt R S. Corporate Profits and Co-optation: Networks of Market Constraints and Directorate Ties in the American Economy [M]. New York: Academic Press, 1983.
[62] Hagan, Harvey. Why do Companies Sponsor Arts Events? Some Evidence and a Proposed Classification [J]. Journal of Cultural Economics, 2000, 24 (20): 205-224.
[63] Gao F, Faff R, Navissi F. Corporate Philanthropy: Insights from the 2008 Wenchuan Earthquake in China [J]. Pacific-Basin Finance Journal, 2012, 20 (3): 363-377.
[64] 王宇光, 潘越, 黄丽. 企业慈善捐赠: 公益付出还是另有所图——基于上市公司融资样本的实证研究 [J]. 财贸研究, 2016 (01): 133-140.
[65] 彭镇, 戴亦一. 企业慈善捐赠与融资约束 [J]. 当代财经, 2015 (04):

76-84.
[66] 张敏，马黎珺，张雯．企业慈善捐赠的政企纽带效应——基于我国上市公司的经验证据 [J]．管理世界，2013 (07)：163-171.
[67] 薛爽，肖星．捐赠：民营企业强化政治关联的手段 [J]．财经研究，2011，37 (11)：102-112.
[68] 张建君．竞争—承诺—服从：中国企业慈善捐款的动机 [J]．管理世界，2013 (09)：118-130.
[69] Frank R H. Can Socially Responsible Firms Survive in a Competitive Environment? [M]. New York：Russell Sage Foundation，1996.
[70] Turban D B，Greening D W. Corporate Social Performance and Organizational Attractiveness to Prospective Employees [J]. Academy of Management Journal，1997 (40)：658-672.
[71] PORTER M E ，Kramer M R. The Competitive Advantage of Corporate Philanthropy [J]. Harvard Business Review，2002 (80)：57-68.
[72] 山立威，甘犁，郑涛．公司捐款与经济动机——汶川地震后中国上市公司捐款的实证研究 [J]．经济研究，2008 (10)：51-62.
[73] 方军雄．捐赠，赢得市场掌声吗？[J]．经济管理，2009 (7)：172-176.
[74] Campbell L，Gulas C S，T. S. Gruca. Corporate Giving Behavior and Decision-Maker Social Consciousness [J]. Journal of Business Ethics，1999 (19)：375-383.
[75] Sharfman M. Changing Institutional Rules：The Evolution of Corporate Philanthropy [J]. Business & Society，1994，33 (3)：236-269.
[76] Andreoni G J. Impure Altruism and Donations to Public Goods：A Theory of Warm-glow Giving [J]. The Economic Journal，1990 (100)：464-477.
[77] Atkinson L，J. Galaskiewicz. Stock Ownership and Company Contributions to Charity [J]. Administrative Science Quarterly，1988，33 (1)：82-100.
[78] Galaskiewicz J. An Urban Grants Economy Revisited：Corporate Charitable Contributions in the Twin Cities [J]. Administrative Science Quarterly，1997，42 (3)：445-471.
[79] Barnett M L. Stakeholder influence capacity and the variability of financial returns to corporate social responsibility [J]. Academy of Management Review，2007，32 (3)：794-816.
[80] Brammer S，Millington A. Corporate Reputation and Philanthropy：An Empirical Analysis [J]. Journal of Business Ethics，2005 (61)：9-44.

[81] Ullmann A A. Data in Search of a Theory: A Critical Examination of the Relationships among Social Performance, Social Disclosure and Economic Performance of U. S. Firms [J]. Academy of Management Review, 1985, 10 (3): 540-557.
[82] Roberts R W. Determinants of Corporate Social Responsibility Disclosure: An Application of Stake-holder Theory [J]. Organizations and Society, 1992, 17 (6): 595-612.
[83] 田利华，陈晓东. 企业策略性捐赠行为研究：慈善投入的视角 [J]. 中央财经大学学报，2007 (02): 58-63.
[84] 陈宏辉，王鹏飞. 企业慈善捐赠行为影响因素的实证分析——以广东省民营企业为例 [J]. 当代经济管理，2010，32 (8): 17-24.
[85] 高勇强，陈亚静，张云均. “红领巾”还是“绿领巾”：民营企业慈善捐赠动机研究 [J]. 管理世界，2012 (08): 106-114，146.
[86] Useem M. Market and institutional forces incorporate contributions [J]. California Management Review, 1988, 30 (2): 77-88.
[87] Boatsman J R, Gupta. Taxes and corporate charity: Empirical evidence from micro-level panel data [J]. National Tax Journal, 1996, 49 (2): 193-213.
[88] 张传良. 中外企业慈善捐赠状况对比调查 [J]. 中国企业家，2005 (17): 28-30.
[89] 郭剑花. 中国企业的捐赠：自愿抑或摊派?：基于中国上市公司的经验证据 [J]. 财经研究，2012，38 (8): 49-59.
[90] Wang J, B. S. Coffey. Board Composition and Corporate Philanthropy [J]. Journal of Business Ethics, 1992, 11 (10): 771-778.
[91] 杜兴强，冯文滔. 女性高管，制度环境与慈善捐赠：基于中国资本市场的经验证据 [J]. 经济管理，2012，34 (11): 53-63.
[92] 高勇强，何晓斌，李路路. 民营企业家社会身份，经济条件与企业慈善捐赠 [J]. 经济研究，2011 (12): 111-123.
[93] 杜兴强，郭剑花，雷宇. 政治联系方式与民营企业捐赠：度量方法与经验证据 [J]. 财贸研究，2010 (01): 89-99.
[94] 贾明，张喆. 高管的政治关联影响公司慈善行为吗? [J]. 管理世界，2010 (04): 99-113.
[95] 翁若宇. 企业慈善捐赠动机与效应研究——基于中国情境的视角 [D]. 厦门：厦门大学，2018-06.
[96] Amos, Orley M. Empirical analysis of motives underlying individual contribu-

tions to charity [J]. Atlantic Economic Journal, 1982, 10 (4): 45-52.

[97] Dawson, Scott. Four motivations for charitable giving: Implications for ma marketing strategy to attract monetary donations for medical research [J]. Marketing Health Services, 1988, 8 (2): 31.

[98] Radley, Alan, Marie Kennedy. Charitable giving by individuals: A study of attitudes and practice [J]. Human relations, 1995, 48 (6): 685-709.

[99] Clark M S. Reaction to Aidin Communal and Exchange Relationships [M]. NY: Academic Press, 1983.

[100] 羊晓莹. 国外志愿者动机研究及其启示 [J]. 当代青年研究, 2011 (1): 17-20.

[101] Horton-Smith D. Altruism, volunteers, and volunteerism [J]. Journal of voluntary Action Resenrch, 1981, 10 (01): 21-36.

[102] Fitch R T. Characteristics and motivations of college students volunteering for Community service. Journal of college student personnel, 1987, 28 (5): 424-431.

[103] 吴鲁平. 志愿者的参与动机：类型、结构——对 24 名青年志愿者的访谈分析 [J]. 青年研究, 2007 (05): 31-40.

[104] 吴鲁平. 志愿者参与动机的结构转型和多元共生现象研究——对 24 名青年志愿者的深度访谈分析 [J]. 中国青年研究, 2008 (02): 5-10.

[105] Cnaan R A, Goldberg-Glen R S. Measuring motivations to volunteer in human services [J]. Journal of Applied Behavioral Science, 1991 (27): 269-284.

[106] Clary E G, Snyder M, Ridge R D, et al. Understanding and assessing the motivations of volunteers: A functional approach [J]. Journal of Personality and Social Psychology, 1998 (74): 1516-1530.

[107] 卓高生, 孔德民, 车文君. 大学生志愿服务动机功能理论的实证研究 [J]. 统计与决策, 2014 (06): 111-113.

[108] 蒋巍. 中国志愿者服务动机结构研究——基于广东省志愿者的问卷调查 [J]. 中国青年研究, 2018 (06): 59-65.

[109] 贺志峰, 齐从鹏. 志愿者为何愿意持续提供服务？——基于生态系统模型的实证分析 [J]. 青年探索, 2020 (06): 59-70.

[110] 李芳. 湖南省博物馆志愿者管理与维系研究 [D]. 长沙：中南大学, 2012.

[111] 穆光宗. 家庭养老走向何方 [J]. 中国国情国力, 1998 (11): 15.

[112] 李升, 方卓. 农村社会结构变动下的孝文化失范与家庭养老支持困境探

析［J］. 社会科学文摘，2018（04）：58-60.
［113］杨椰蓁. “医养结合”模式下养老建筑设计策略初探［D］. 西安：西安建筑科技大学，2018.
［114］严妮. 城镇化进程中空巢老人养老模式的选择：城市社区医养结合［J］. 华中农业大学学报（社会科学版），2015（04）：22-28.
［115］成海军. 我国居家和社区养老服务的优势与发展对策［J］. 社会治理，2019（11）：43-51.
［116］尤蕾. 探路“老有所医”［J］. 小康，2018（10）：60-61.
［117］肖子华，丁佩佩. 医养结合：“结合什么”与“如何结合”［J］. 人口与社会，2021，37（01）：28-35.
［118］薛敏. 依据老年人需求实现“六个老有”与“积极老龄化”［J］. 边疆经济与文化，2007（09）：54-56.
［119］丁红玲，宋谱. 困厄与超越：我国老年教育发展的思考［J］. 职教论坛，2018（10）：78-82.
［120］张鉴. 老龄化社会低龄退休老年人实现“老有所为”对策研究［D］. 天津：天津大学，2015.
［121］彭萧. 论“老有所为”——兼论老年人的社会价值［J］. 价值工程，2013，32（31）：303-305.
［122］陶琳. 促进社会和谐发展的“老有所为”模式研究［J］. 文化创新比较研究，2020，4（13）：183-184.
［123］熊慧琦. 基于马斯洛需求理论的国家级贫困县留守老人的需求问题研究［J］. 当代经济，2019（09）：148-151.
［124］刘静. 人口老龄化背景下实现“老有所为”的对策研究——以烟台市为例［J］. 长春市委党校学报，2019（05）：55-59.
［125］封林宁. “六个老有”内涵浅议［J］. 金陵职业大学学报，2001（03）：62-63.
［126］刘礼艳. 基于扎根理论的幸福老人心理弹性因素的模型建构［J］. 江苏理工学院学报. 2020，26（05）：123-128.
［127］汪连杰. 互联网使用对老年人身心健康的影响机制研究——基于 CGSS（2013）数据的实证分析［J］. 现代经济探讨，2018（4）：101-108.
［128］甄月桥，郭潇谊，朱茹华. 老年人社会支持，心理资本与心理健康关系研究［J］. 浙江理工大学学报（社会科学版），2021，46（1）：73-81.
［129］王静. 互联网持续使用行为与老年人主观幸福感的关系研究［D］. 合肥：合肥工业大学，2020.

[130] 冯雅君，马源. 当老龄化遇到智能化：如何助老人跨越数字鸿沟 [N]. 2021-01-25.

[131] 白卫勤. 基于互联网思维下老年人生活方式与服务需求研究 [D]. 齐齐哈尔：齐齐哈尔大学，2016.

[132] 韦大伟. 数字鸿沟视角下的中国老年人互联网使用障碍研究 [D]. 武汉：武汉纺织大学，2012.

[133] 赵丽，李杼红. 不会操作智能手机给生活带来不便　数字产品未兼顾诉求增加触网负担老年人“数字化生活”现状调查 [J]. 决策探索(上)，2020 (10)：24-25.

[134] 张乐. 助力“银发族”乐享数字生活构　建共建共融共享的老年友好型社会 [J]. 中国社会工作，2020 (29)：33.

[135] 顾京麟. 略论中华民族的敬老美德及其形成 [J]. 苏州大学学报 (哲学社会科学版)，1993 (03)：53-57.

[136] 王志芬. 浅析中国古代的尊老养老体制 [J]. 学术探索，2003 (07)：53-56.

[137] 秦海滢. 传统孝文化的传播与外延——以明代山东为研究对象 [J]. 济南大学学报 (社会科学版)，2006 (01)：63-67.

[138] 陈谷嘉. 孝与中华民族敬老、爱老的传统美德——儒家孝文化软实力研究 [J]. 湖南大学学报 (社会科学版)，2011，25 (02)：112-116.

[139] 王晓娟. 明清时期苏州地区的敬老养老文化 [D]. 南京：南京师范大学，2015.

[140] 徐艳红. 明代养老研究 [D]. 武汉：华中师范大学，2015.

[141] 李永芬. 当代中国敬老伦理及其培育研究 [D]. 长沙：湖南师范大学，2017.

[142] 李冬梅. 中国传统孝忠观念的历史演进及其现代转化 [D]. 哈尔滨：哈尔滨工业大学，2008.

[143] 陈昫. 系统论视角下的敬老文化与精神养老 [J]. 老龄科学研究，2014，2 (11)：61-69.

[144] 王志芬. 浅析中国古代的尊老养老体制 [J]. 学术探索. 2003 (07).

[145] 李岩. 近二十年来中国古代尊老养老问题研究综述 [J]. 中国史研究动态，2008 (05)：8-14.

[146] 顾京麟. 略论中华民族的敬老美德及形成 [J]. 苏州大学学报，1993 (03).

[147] 秦安兰. 需要层次理论视域下敬老文化的发展困境及其纾解 [J]. 老龄

科学研究. 2015, 3 (04): 71-80.
[148] 瞿容. 加强我国敬老文化建设的对策探讨 [J] 重庆行政 (公共论坛), 2016, 17 (05): 100-101.
[149] 赵昕蕊. 传统文化架构下的“家文化”及其当代价值——以马克思家庭观为视角 [D]. 锦州: 辽宁工业大学, 2017.
[150] 陈芳. 融合共生: 新时代马克思主义与中国优秀传统文化的逻辑进路 [J]. 洛阳理工学院学报 (社会科学版), 2020, 35 (02): 87-91.
[151] 杨秀婷, 邱吉. 社会主义核心价值观的包容性研究 [J]. 社会主义核心价值观研究, 2020, 6 (04): 31-38.
[152] 高冬萍. 社会主义核心价值观下我国社会公德建设分析 [J]. 决策探索 (下), 2021 (03): 19-20.
[153] 陈春利. 从“三个倡导”到“两个共同”——社会主义核心价值观再凝练 [C]. 社会主义核心价值观协同创新上海峰会, 2017.
[154] 张媛媛. 基于互联网思维的大学生思想和行为引导研究 [D]. 成都: 电子科技大学, 2019.
[155] 陈光锋. 互联网思维: 商业颠覆与重构 [M]. 北京: 机械工业出版社, 2014.
[156] 赵大伟. 互联网思维独孤九剑 [M]. 北京: 机械工业出版社, 2014.

附　　录

附录一　吴山敬老家园堂食前厅“一日流程”及时间表

吴山敬老家园堂食前厅《一日流程》及时间表

时间	事项	细则	完成情况
8:30	志愿者报到 向圣贤行礼	恭迎志愿者： 1. 当日组长在门口迎接志愿者的到来，见面互相鞠躬问候。 2. 疫情防控期间，志愿者出示健康码，监测体温，使用消毒液洗手，正确佩戴口罩、手套等防护用具并使用人脸识别系统签到。 3. 呈义工服： 组长为志愿者呈义工服，并引导志愿者在圣像前行鞠躬礼。	

续表

时间	事项	细则	完成情况
8:30-9:00	岗位分配	岗位分配： 前厅： 迎宾、人脸识别（1~2人），电子屏管理（1人），引领（1人），打饭（1人），打菜（3人），盛汤（1人），送餐（6人），收碗（2人），擦桌子、拖地（3人），按电梯、送行（1~2人），倾听陪伴（2~4人），可根据具体情况调整。注：人员可互相兼顾。 后厨： 大厨（1~2人），帮厨（2人），洗菜（2人），择菜，洗碗，收尾。注：人员可互相兼顾。 送餐服务：打餐、包装、送餐、拍摄、车辆。	
9:00-9:30	恭迎老人	恭迎老人： 志愿者在门口向每一位回家的老人鞠躬行礼并说："欢迎回家。" 引导老人： 引导帮助老人使用人脸识别系统打卡并测体温；引领老人按照年龄入座。	
9:30-10:00	志愿者学习	学习内容： 1. 雨花敬老宣传片（可多选）、雨花答疑、雨花家文化等。 2. 堂食流程及规范、送餐流程及规范、倾听陪伴流程及规范。	

续表

时间	事项	细则	完成情况
10:00-10:35	前厅：倾听陪伴 外送：分餐包装	倾听陪伴： 志愿者进入前厅按照《倾听陪伴服务流程规范》陪伴老人。 分餐包装： 1. 外出送餐志愿者由组长安排进行打餐工作，或者先参与前厅陪伴。 2. 如前厅有特色课程时，也可一起参与。(例如：周三礼仪课堂、周四环保课堂等)	
10:35-10:50	陪伴老人读诵《弟子规》	读《弟子规》： 周一、周二、周六、周日，志愿者陪前厅老人读诵《弟子规》。 特色活动： 1. 周三上午：礼仪课堂。 2. 周四上午：环保课堂。 3. 周五上午：老人联欢会。 4. 周六下午：读书会。 5. 每月末：为老人理发。	
10:50-10:55	前厅摆台 外出送餐	前厅摆台： 前厅志愿者配合后厨把饭、菜、汤依次摆放整齐。 外出送餐： 送餐志愿者外出送餐。	
10:55-11:00	用餐仪式 (餐前感恩词)	读诵“感恩词”： 1. 主持人带领全体读诵“感恩词”。 2. 志愿者餐台前集合肃立等候开餐。 3. 提前戴好口罩、手套，准备好托盘，两人一组。	

续表

时间	事项	细则	完成情况
11:00	堂食开餐	堂食分餐、送餐： 1. 志愿者两人一组（老带新），用托盘将每桌的饭、菜、汤分好，开始送餐。 2. 用餐过程中由专职志愿者负责给老人添米饭。 3. 用完餐后及时将餐具收回后厨清洗。 恭送老人： 老人用餐完毕，志愿者在门口引导帮助老人进行人脸识别，并在电梯口护送老人坐电梯，恭送老人。	
11:40	卫生收尾	擦桌子，扫地，拖地，清洗碗筷，检查好水电，煤气等。	
12:00	志愿者用餐	1. 志愿者按照长幼次序入座，请60岁以上的志愿者长辈优先入座。 2. 向长辈行鞠躬礼，并感恩说："各位长辈你们辛苦了，向你们学习，向你们鞠躬，谢谢！" 3. 入座后齐诵"感恩与祈盼""感恩词"。 4. 用餐完毕，光盘行动（使用惜福水）。	
13:00	分享总结	分享总结： 组长带领总结分享在今天的服务中的注意事项、可改进的事项，相互学习、共同提升。 记录交接： 1. 组长记录好志愿者的服务时间（提醒人脸识别打卡）。 2. 和次日组长做好工作交接（如有捐赠款、物，或者特殊事项）	

附录二　吴山敬老家园一周流程活动简介

吴山敬老家园一周流程活动简介

星期一	星期二	星期三	星期四	星期五	星期六	星期日
9:00-10:50 倾听陪伴	9:00-10:50 观看越剧	9:00-10:50 礼仪课堂	9:00-10:50 环保课堂	9:00-10:50 老人联欢会	9:00-10:50 倾听陪伴 读《弟子规》	9:00-10:50 倾听陪伴 读《弟子规》
11:00 堂食用餐 外出送餐	11:00 堂食用餐 外出送餐	11:00 堂食用餐 外出送餐 13:00 倾听陪伴，碰头会	11:00 堂食用餐 外出送餐	11:00 堂食用餐 外出送餐	11:00 堂食用餐 外出送餐 14:00 读书会	11:00 堂食用餐 外出送餐 14:00 工作总结会

注：倾听陪伴各小组平均每周进行 2~3 次入户陪伴（下午进行）。

附录三　倾听陪伴话题卡

倾听陪伴话题卡——故乡

1. 请问您的家乡（祖籍）是哪里？
2. 您是在哪里出生的？
3. 您的家庭情况怎么样？
4. 您从事过什么工作？
5. 您有什么兴趣爱好吗？
6. 您的青年时期是怎么度过的？有哪些事情令您印象特别深刻？

倾听陪伴话题卡——祖德

1. 您家有祭祖的习惯吗？您觉得为什么要祭祖？
2. 您家里有家谱吗？可以跟我讲讲家谱的意义吗？

3. 您对您的奶奶（爷爷）最深的印象是什么？他们令您最佩服的优点是什么？

4. 您对您的外婆（外公）最深的印象是什么？他们令您最佩服的优点是什么？

5. 您的妈妈（爸爸）什么时候离开您的？当时您在不在场？您妈妈（爸爸）最后有没有跟您说一句什么话？

6. 您对妈妈（爸爸）说的话记得最清楚的一句是什么？

7. 您对妈妈（爸爸）对您做的印象最深刻的一件事是什么？

8. 您觉得妈妈（爸爸）最大的优点是什么？

9. 您觉得妈妈（爸爸）最大的难处、苦处是什么？

10. 您听过“积善之家必有余庆”吗？

11. 您是怎么教育子女的？您希望他们有什么样的品质？

12. 您最想和子女说的话是什么？

13. 您人生中有没有后悔的事情？

14. 您一生最骄傲的事情是什么？

15. 您一生最辉煌的时刻是什么？

16. 您对现在的国家、社区、政府有什么想表达的？

附录四　倾听志愿者服务规范

1. 志愿者在服务站或外出服务时应穿义工服，并时时注意自己的言行，言语保持柔和，动作需缓慢、有礼节。

2. 至少提前一天和老人预约时间和地点，并尽量轻松对接，不给老人增加心理负担。

3. 提前了解并熟悉老人信息，入户前带好服务所需的相关物品，如水杯、鞋套、录音笔、纸巾、笔记本、笔等，尽量不给老人添麻烦。

4. 自我介绍：主动做自我介绍：“我是雨花敬老志愿者。”（如有人询问所属机构时可回答：浙江雨花老年公益事业发展中心）

5. 称呼老人：对老人心存爱敬，使用合适的称谓（如不清楚可主动询问老人怎么称呼比较合适）。

6. 每次倾听陪伴时间不超过 60 分钟，服务前将手机调至静音或飞行模式，尽量不接打电话，避免打断和老人的交流。

7. 倾听陪伴时视线和姿态保持与老人平行或略低。多位老人同时在场时，倾听陪伴者要注意兼顾大家的感受，避免有老人感到被冷落；访谈时，志愿者配合要有主有辅，尽量不打断话题，避免老人因同时应对多人而疲劳。倾听陪伴不是刻意哄老人开心，不做自己无法履行的承诺；践行自己对老人的承诺。

8. 志愿者代表团体而不是个人，如果要和老人建立个人情感，也是要为了“激发老人生命活力”，而不是代替儿女行孝。

9. 老人是我们的老师，倾听陪伴老人不是教育老人，不是给老人做逻辑分析，不做生理治疗、心理治疗，如老人有需要时协助联系亲属或专业医务人员（紧急情况下配合医务人员的指导）。

10. 如需深度访谈，提前和老人约定拜访时间再登门，每次访谈时间不宜超过 2 个小时。

11. 访谈时，相信幸福的答案就在老人自己的生命里，相信每个老人具有心理修复能力。通过善巧的提问（但并非质问），协助老人自己获得幸福的答案、获得自愈。

12. 熟悉基本话题库，尽量不临时翻看话题库。根据老人的状态选择话题。访谈前准备好“话题卡”，可提前敬呈老人做准备。

13. 访谈时遇到听不懂方言的情况，保持用心倾听，去体会老人的心理状态，心与心保持同频，可先录下宝贵的对话。

14. 访谈时避免触碰老人忌讳的话题，不打探老人的隐私，如老人自愿告知，需为老人保密。

15. 如老人索要志愿者联系方式，留倾听陪伴负责人的电话。

16. 录音、视频等资料需保密存档，如公开发布应征得老人同意。为尊重老人的肖像权，专程采访拍摄时由指定人员进行影像记录，如违规拍摄的影像资料遇纠纷由个人承担责任。

17. 认可并接纳志愿者、老人及其家庭的一切现状，不分析、不评判、不下定义。

18. “敬老行为准则——十个有没有”

只有他人，没有自己。只有陪伴，没有分析。

只有倾听，没有定义。只有专注，没有判断。

只有主动，没有执着。只有抚慰，没有对立。

只有奉献，没有所得。只有爱心，没有占有。

只有坚韧，没有抱怨。只有感恩，没有指责。

附录五　感恩词

感恩天地滋养万物，感恩祖先慈悲智慧，
感恩国家培养护佑，感恩父母养育之恩，
感恩老师辛勤教导，感恩同仁关心帮助，
感恩农夫辛勤劳作，感恩食物健康环保，
感恩大众信任支持，感恩所有付出的人。

附录六　一日修身小结

【感恩与祈盼】
让我们以至诚的心，
感恩祖先的福荫，国家的护佑；
感恩父母的哺育，老师的教诲；
感恩社会的支持，大众的帮助。

让我们共同祈盼，父母、亲人、老师、同仁及所有的人，德日进、过日少、身心安康、四季吉祥！

祈盼公益餐桌无限延伸，让孝悌忠信走进千家万户！
祈盼国家富强民族复兴，让礼义廉耻照耀大地苍穹！
祈盼天下苍生美美与共，让仁爱和平庇佑世界大同！

后 记

此书能出版，首先感谢王绪琴老师的引荐，让我有机会接触、了解并研究雨花敬老公益事业。感谢学院对我带领学生参加浙江雨花老年公益事业发展中心公益实践的指导与支持。特别感谢李靖华老师对我的指导，从书稿整体框架的构建到具体方法的指导再到有问题的随时指教，如果没有他的帮助，面对雨花公益敬老这么大的组织，我两眼茫茫，不知该如何着手去做。对有些深奥、难懂、晦涩的科学研究，他总是能用各种通俗、生动、有趣的例子或比喻，深入浅出地将之解读，这让我觉得科学研究也可以是妙趣横生的。

我特别幸运遇见了王爱群教授，感谢她对我的信任与指导，她总是给我肯定、给我支持、给我信心，常常三言两语就让我拨云见日。很幸运我还遇见了浙江雨花公益敬老组织的以程刚秘书长、陈悟主任为代表的雨花志愿者们，他们总是给我对雨花的调研提供各种方便；他们对雨花公益事业的用心、用情与投入，深深地感动着我、激励着我，每一次与他们的接触都提醒着我要努力为公益事业尽己所能，要为社会的纯净与美好贡献力量。与雨花志愿者的接触过程，对我自己来说也是一种心灵净化的过程。

接下来感谢徐欣来、李宗瑞、郭金翼同学曾跟我一起走访调研，与他们的交谈常常给我新的启发。感谢王建成同学在寒假期间一起与我采访雨花志愿者，并协助整理录音材料。感谢王娟同学在资料整理上给予的协助。

最后感谢我的家人对我从事该项工作的支持。决定做这件事情以来，家里的事情幸亏有婆婆帮忙。婆婆虽不识字，但是总是特别开朗、豁达、大气、有智慧，是我一生学习的榜样。也感谢我爱人潜立标先生的支持。

总之，非常感恩与每一位的相遇，希望以自己的绵薄之力让公益事业发展得更好，为中国式现代化的建设而努力！

金小苗

2022 年 11 月 21 日